新媒体时代市场营销策略研究

方斯嘉　封　岚　秦玉霞◎著

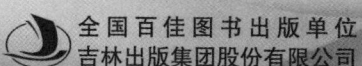

图书在版编目（CIP）数据

新媒体时代市场营销策略研究/方斯嘉,封岚,秦玉霞著. --长春:吉林出版集团股份有限公司,2023.6
ISBN 978-7-5731-3819-4

Ⅰ.①新…Ⅱ.①方…②封…③秦…Ⅲ.①市场营销－营销策略－研究Ⅳ.①F713.50

中国国家版本馆CIP数据核字(2023)第132089号

XINMEITI SHIDAI SHICHANG YINGXIAO CELÜE YANJIU
新媒体时代市场营销策略研究

著　　者：方斯嘉　封　岚　秦玉霞
责任编辑：欧阳鹏
封面设计：冯冯翼
开　　本：710mm×1000mm　1/16
字　　数：245千字
印　　张：13
版　　次：2023年6月第1版
印　　次：2023年6月第1次印刷

出　　版：吉林出版集团股份有限公司
发　　行：吉林出版集团外语教育有限公司
地　　址：长春市福祉大路5788号龙腾国际大厦B座7层
电　　话：总编办：0431-81629929
印　　刷：长春新华印刷集团有限公司

ISBN 978-7-5731-3819-4　　定　价：78.00元
版权所有　侵权必究　　举报电话：0431-81629929

前　　言

新媒体普及所引起的技术变革正深刻地改变着人们的生活，数字化时代已经到来，并且正在加快发展。纵观全球，由互联网技术创新与变革所驱动的经济发展开创了崭新的局面，这具体表现在以下两个方面。第一，数字经济已取得飞速发展，成为推动国民经济持续发展的强劲力量，无论是西方发达国家还是发展中国家，都已经意识到数字经济对提升经济增速、扩大就业及促进产业转型所起的重要作用。数字经济已经从根本上改变了经济的运行模式。第二，数字经济所带来的变革已经冲破互联网产业的界限，覆盖到传统实体经济的发展领域，传统的供应链、价值链、营销链及服务链在大数据、云技术、人工智能等技术的冲击下已经发生了变化，新的市场及服务模式不断出现，并快速成长。

本书从市场营销所面临的新形势与新环境入手，探究了当下的市场营销模式，并对各营销模式下的营销策略创新提出了一些建议与思考。在写作过程中，本书参阅了大量市场营销方面的专业资料及书籍，而且得到了同事和亲朋好友的鼎力相助，在此一并表示衷心的感谢。书中难免存在错误及疏漏之处，在此，恳请同人、专家及广大读者批评指正。

2023 年 4 月

目　录

第一章　新媒体概述 …………………………………………………… 1
　第一节　新媒体概念和内涵 ………………………………………… 1
　第二节　新媒体主要特征 …………………………………………… 2

第二章　基于顾客选择行为的产品线定价策略 ……………………… 5
　第一节　基于 MNL 模型的鲁棒产品定价 …………………………… 5
　第二节　基于半参数选择模型的产品线定价 ……………………… 25
　第三节　考虑网络效应的产品线定价 ……………………………… 54
　第四节　考虑负效用的产品线定价 ………………………………… 70

第三章　运用网络新媒体营销 ………………………………………… 84
　第一节　社交网络与 O2O 团购平台营销 ………………………… 84
　第二节　短视频营销 ………………………………………………… 94

第四章　市场营销标准化管理 ………………………………………… 111
　第一节　客户管理标准化 …………………………………………… 111
　第二节　目标管理标准化 …………………………………………… 125

第五章　营销传播研究 ………………………………………………… 146
　第一节　数字时代的内容营销传播 ………………………………… 146
　第二节　智能营销传播 ……………………………………………… 168
　第三节　场景与场景营销传播 ……………………………………… 184

参考文献 ………………………………………………………………… 200

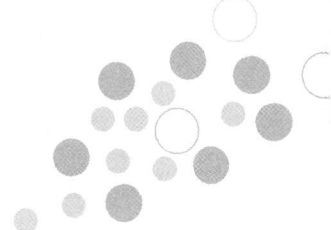

第一章 新媒体概述

第一节 新媒体概念和内涵

新媒体是一个相对的概念，目前所谈的新媒体包括网络媒体、手机媒体、数字电视等形态。但回顾新媒体的发展历程，就可以看到新媒体是伴随着媒体的发生和发展而不断变化的。

广播相对于报纸是新媒体、电视相对于广播是新媒体、网络相对于电视是新媒体。科学技术在发展，媒体形态也在发展，像手机杀毒软件一样，过去只是一个工具软件，但它自从带了装机软件推荐、自动弹窗等功能后，就具备了媒体传播特性，人们既注意到它的工具化属性，也注意到它的媒体化功能。

对于新媒体的界定，至今没有定论。有些研究新媒体的文章指出新媒体包括互联网媒体、数字电视、移动电视、手机媒体等，网上很多文章把博客、微博、微信订阅号等也称为新媒体。

那么，到底什么是新媒体？

国内外学术界目前可查到的新媒体的定义不下五十种。这些定义可在大体上分为两类。一是强调其介质与载体的特性。比如，美国《连线》杂志对新媒体曾下过一个定义："所有人对所有人的传播。"这个定义过于宽泛，如人和人之间的口碑传播，有些是借助新媒体，有些还是借助日常交往。联合国教科文组织对新媒体下的定义是："以数字技术为基础、以网络为载体进行信息传播的媒介。"这个定义过于简单，在本书中谈到的新媒体是指基于数字网络出现之后的媒体形态。凡是利用数字技术、网络技术，通过互联网、宽带局域网、无线通信网等渠道，以及计算机、手机、数字电视机等数字或智能终端，向用户提供信息和服务的传播形态，都可以看作为新媒体。二是以行业作为着眼点。比如，中国传媒大学电视与新闻学院的宫承波教授将新媒体按横向和纵向分类。其中，从横向划分的角度将新媒体形态分为两类，一是涉及移动端媒体（手机和平板电脑）、网络媒体及交互式媒体；二是楼宇电视、移动产业。

严格地说，新媒体应该是数字化时代到来之后出现的各种媒体形态。新媒体是建立在数字技术和网络技术等信息技术基础之上的。如果传统媒体开始利用信息技术改造自身的运营模式，那么这些传统媒体也可以变成新媒体。例如电视属于传统媒体，但是经过数字化改造的数字电视，就可以被看作是新媒体的一种。传统报纸升级为数字报刊后，也是新媒体的一种。新媒体的定义是一个动态进化的过程，网络上层出不穷的新媒体形式在一方面反映出新媒体发展之快、变化之多，另一方面也说明了关于新媒体的研究还有待成熟与深入。

基于本书的研究内容，笔者认为的新媒体是利用互联网等先进技术手段将信息传递给受众的载体和平台，它不仅可以凭借新技术诞生新的行业，也可以与传统行业进行深度的融合，并对受众产生预期效应。

第二节　新媒体主要特征

进入互联网时代后，新媒体层出不穷，作为一种新的媒介形态，它基于数字、网络等方面的技术优势，既是集文字、图片、声音、视频于一体的"多媒体"，又是融合广播、报纸、电视等功能于一身的"全媒体"，新媒体与传统媒体之间并不是取代和被取代的关系。具有互联网基因的新媒体继承了传统媒体的许多优点并拓宽了传播的方式与渠道，具有更鲜明的特征。

一、数字化与虚拟性

新媒体源于互联网的发明与普及，数字技术的应用是推动新媒体发展最重要的因素，新媒体从某个方面来说可以被称为数字新媒体，数字化是新媒体最显著的特征。数字技术通过与新媒体相结合，将不同的信息进行整合和编码，将其转换为符号，进行语言系统的重组，最终呈现为计算机语言并对其进行传输和存储，从而改变了传统媒体的形式，实现了信息的高速流动，它具有扩大信息传播、丰富人类感官体验的作用。随着新媒体技术的成熟，现实世界与虚拟世界之间的界线逐渐模糊，新媒体的信息传播和交流与现实的社会行为相异，其借助信息载体的数字化和虚拟性得以实现。虚拟性包括三种情况，即信息本身的虚拟性、传播关系的虚拟性和空间的虚拟性。新媒体的这一特性对人类社会既有益处也有一定危害。首先，新媒体提供的虚拟空间可以进一步拓宽人类的生存空间，丰富人们的生活体验；其次，虚拟的传播关系对社会道德意识产生了一定的消解作用，虚假信息的传播也会给大众带来诸多的负面影响，引发一些社会问题。

二、碎片化与交互性

碎片化是新媒体的一个突出特征。相较于传统媒体传播效果的大众化、全面化，新媒体侧重于简单、快速的信息传播方式。所谓碎片化传播，主要是指完整的信息通过网络、手机等媒介的再编辑与传播呈现块状、零散的描述形式，导致信息、受众与媒介细分化的现象。信息源的多样化是其产生的重要原因，它使信息质量参差不齐，进而使人们获取到的信息呈现碎片化特性。新媒体改变了传统媒体，改变了受众被动地接受发送者传达的信息的特点，实现了传播者和受众之间双向的信息互动，打破了信息传播的身份限制，信息交流过程中的双方都有控制权和话语权。借助电脑、手机等移动终端，人人都可以发布信息，实现信息的即时接收、传播、反馈和互动，有利于信息传播双方甚至多方的即时理解与沟通。

三、海量化与时效性

传统媒体在传播信息时受限于版面、时间等多种因素，信息容量非常有限。而新媒体依托数字技术，由于信息存储数字化，可存储的信息内容无限多，成就了其海量的信息及丰富的内容。新媒体所发布的信息不受制作周期、截稿时间及身份的限制，促进了传播效率的提升，实现了信息的随时发布、即时传输，尤其是它对一些突发事件的报道可以将"第一时间"和"第一现场"牢牢掌握，实现了信息的即时性传播。传播受众可以不受时空限制，通过网络获取自身所需要的信息。

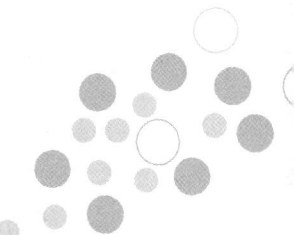

第二章 基于顾客选择行为的产品线定价策略

第一节 基于 MNL 模型的鲁棒产品定价

一、概述

在现存的产品线优化设计的文献中，通常假设顾客选择模型的参数都是已知的，公司准确地知道顾客选择模型的每个参数，例如，顾客对产品的评估参数。但是，在实际中，由于不完全信息、小样本数据或者顾客自身的因素，公司可能对一些参数的值并不确定。这时，基于确定参数设计的产品线模型可能得到与真实利润差别很大的理论利润值。考虑制造成本和时间等，公司不可能频繁地设计和改变产品线。因此，在产品线设计过程中，顾客选择模型的参数不确定性是一个需要考虑的重要因素。

在本章中，研究了考虑顾客选择模型参数不确定性的产品线定价问题。不同于一般产品线定价模型中最大化收益的目标，本章提出了最大化最小收益的鲁棒产品定价模型。这个模型受 Handel 和 Misra[200] 启发，但是本章的模型和该文献中的模型有以下两点主要差异。

一是当设计鲁棒的产品定价模型时，本章重点研究顾客的选择行为。在考虑 MNL 模型的参数不确定性基础上，本章研究了鲁棒产品线定价问题，而该文献没有考虑顾客的选择行为。

二是本章和文献有不同的优化目标。该文献提出了一个鲁棒的新产品定价模型，旨在实现最小化最大化的目标。而本章建立了一个鲁棒的产品线定价模型，旨在获得最大化最小收益。

二、产品定价策略

本节研究产品线鲁棒定价的一种特殊情况——开发单个产品的鲁棒定价问题，分别研究静态的产品定价和动态的鲁棒定价，并分别针对同质和异质顾客进行了研究。

（一）静态定价模型

本节主要研究基于 MNL 模型的静态的新产品定价问题，静态模型意味着新产品的价格在整个销售阶段是不变的。在考虑同质顾客偏好和异质顾客偏好的基础上，分别建立精确模型和鲁棒模型以获得最优收益。

1. 精确模型

在精确模型中，假设垄断厂商开发一种新的产品以使收益最大化。新产品的边际成本假设为 0，公司面临着许多对产品有不同偏好的顾客。在这部分，下标 n 表示精确模型。假设顾客 i（$i=1, 2, \cdots, m$）对新产品有一个评估为 a_i，并且公司能准确地知道这个评估值。定义 p_n（$p_n > 0$）为公司对产品的定价，为了便于分析，假设顾客通过购买这个新产品获得的效用 $v_{ni} = a_i - p_n$。当顾客获得效用非负时，即 $v_{ni} = a_i - p_n \geq 0$，顾客根据 MNL 模型的概率可能购买这个产品。相反，如果顾客获得的效用是负的，即 $v_{ni} = a_i - p_n < 0$，顾客将不会购买这个产品。假设顾客至多购买一个产品，顾客 i 购买这个新产品的概率 q_{ni} 为：

$$q_{ni} = \frac{e^{v_{ni}}}{1+e^{v_{ni}}} = \frac{e^{a_i-p_n}}{1+e^{a_i-p_n}} \quad （式2-1）$$

则 $1-q_{ni}$ 表示顾客 i 不买这个新产品的概率。

对于非垄断市场，假设有 n_1 个竞争产品。顾客 i（$i=1, 2, \cdots, m$）购买新产品的概率为

$$q_i = \frac{e^{v_i}}{e^{v_i} + \sum_{j=1}^{n_1} e^{v_{ij}}} \qquad （式2-2）$$

其中，v_{ij} 被公司已知。对于非垄断市场能获得类似于垄断市场的结果，因此本节将主要研究垄断市场的结果。

（1）考虑同质偏爱的收益最大化问题：本部分中假设所有顾客都是同质的，即他们对新产品有相同的偏爱。在这个假设下，可以等价地考虑只有一个代表性的顾客在市场中，即 $m=1$，用下标 o 表示带有同质偏爱的参数，在 MNL 模型下的顾客选择概率为：

$$q_{no}(p_{no}) = \frac{e^{v_{no}}}{1+e^{v_{no}}} = \frac{e^{a-p_{no}}}{1+e^{a-p_{no}}} \qquad （式2-3）$$

当效用 $v_{no} = a - p_{no} \geq 0$ 时，顾客以概率 q_{no} 购买这个产品。定义函数

$$t_{no} = \begin{cases} 1, & a \geq p_{no} \\ 0, & a < p_{no} \end{cases} \qquad （式2-4）$$

公司获得的期望收益被表示为：

$$f_{no}(p_{no}) = p_{no} q_{no}(p_{no}) \cdot t_{no} \qquad （式2-5）$$

精确的产品定价问题被陈述为：

$$Z_{no}^* = \max_{p_{no}} f_{no}(p_{no}) \qquad （式2-6）$$

Hanson 和 Martin 已经指出收益函数关于价格变量是非凹的，因此在收益函数中，自变量被转化为购买概率。根据 MNL 模型，价格被表示为：

$$p_{no}(q_{no}) = a - \log q_{no} + \log(1 - q_{no}) \qquad （式2-7）$$

收益函数被转化为：

$$f_{no}(q_{no}, a) = [a - \log q_{no} + \log(1 - q_{no})] \cdot q_{no} t_{no} \qquad (式2-8)$$

同时，产品定价问题被陈述为：

$$Z_{no}^* = \max_{q_{no}} f_{no}(q_{no}, a) \qquad (式2-9)$$

在基于 MNL 模型的产品定价问题中，最优解可以用朗伯 W 函数表示成解析表达式。$W(x)$ 是 w 的解且满足：

$$x = we^w \qquad (式2-10)$$

当 $x \geq 0$ 时，朗伯 W 函数是正的、单调增加的且为凹的（见图 2-1）。

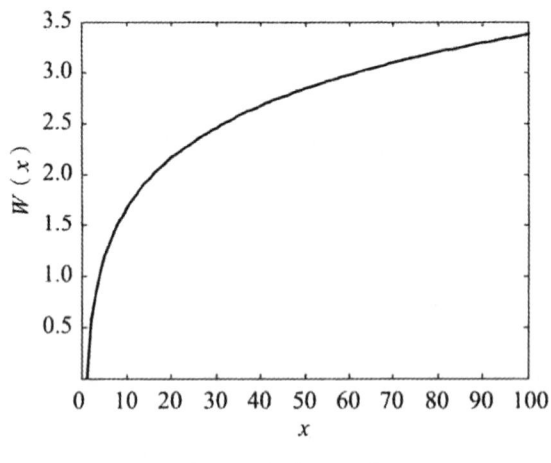

图 2-1 朗伯 W 函数

（2）考虑异质偏爱的收益最大化问题：当市场上存在多样化的顾客对新产品有不同的偏爱时，垄断公司计划开发新产品以获得最大收益。用下标 e 表示带有异质顾客的参数。如果效用 $v_{nei} = a_i - p_{ne} \geq 0$，顾客可能根据 MNL 模型中的概率 q_{nei} 购买这个新产品。定义 $q_{ne} = (q_{ne1}, q_{ne1}, \cdots, q_{nem})$ 为购买概率向量，定义 $a = (a_1, a_2, \cdots, a_m)$ 为评估向量，定义 t_{nei} 为：

$$t_{nei} = \begin{cases} 1, & a_i \geq p_{ne} \\ 0, & a_i < p_{ne} \end{cases} \qquad (式2-11)$$

公司获得的期望收益表示为：

$$f_{ne}(p_{ne}) = \sum_{i=1}^{m} p_{ne} q_{nei}(p_{ne}) t_{nei} \qquad （式2-12）$$

根据 MNL 模型，价格被表示为：

$$p_{ne}(q_{ne}) = a_i - \log q_{nei} + \log(1 - q_{nei}) \qquad （式2-13）$$

收益函数变为：

$$f_{ne}(q_{ne},\ a) = \sum_{i=1}^{m} \left[a_i - \log q_{nei} + \log(1 - q_{nei}) \right] \cdot q_{nei} t_{nei} \qquad （式2-14）$$

产品定价问题是：

$$Z_{ne}^* = \max_{q_{ne}} f_{ne}(q_{ne},\ a) \qquad （式2-15）$$

2. 鲁棒定价

在精确模型中，假设公司精确地知道顾客 i（$i = 1, 2, \cdots, m$）对于新产品的评估 a_i，也就是说，顾客购买产品的选择模型的参数和结构都是一定的。但是，在实际中，公司不可能精确地知道选择模型的结构或者每个参数，它们只是一个估计。如果估计的参数有较大的误差，真正获得的收益可能非常不同于精确模型中的预期值。

本节提出一个解决产品定价问题中顾客评估不确定性的鲁棒优化方法。假设顾客对产品的评估 a_i（$i = 1, 2, \cdots, m$）只有顾客本人知道，公司不能精确地获得顾客的评估值。但是，公司对评估值有部分信息，知道评估值 a_i 位于 a_{iL} 和 a_{iH} 之间。公司仅知道 $a_i \in [a_{iL}, a_{iH}]$，不知道在这个范围内评估值的具体分布情况。

与精确模型不同，本节求解了考虑不确定评估 $a_i \in [a_{iL}, a_{iH}]$ 的最大化最小收益的鲁棒优化问题。如果评估值不低于价格，$a_i \geq p_r$，顾客根据 MNL 模型的概率 q_{ri} 购买产品（其中下标 r 表示鲁棒模型），则购买概率被定义为：

$$q_{ri} = \frac{e^{v_{ri}}}{1+e^{v_{ri}}} = \frac{e^{a_i - p_r}}{1+e^{a_i - p_r}} \qquad （式2-16）$$

下面,首先求解考虑同质偏爱的鲁棒的最大最小收益问题,然后提出一个考虑异质偏爱的鲁棒产品定价模型。静态的鲁棒解是研究动态鲁棒定价模型的重要基础。

(1)考虑同质偏爱的静态鲁棒收益问题:本节中假设所有的顾客对新产品有同质的偏爱。像精确模型一样,在鲁棒的最大最小收益模型中仅考虑一个代表性的顾客。这部分用下标。表示带有同质顾客的参数。公司仅知道顾客的评估 $a \in [a_L, a_H]$,但是不知道评估的具体分布。只有当 $a \geq p_{ro}$ 时,顾客才可能购买这个产品。

根据 MNL 模型,价格被表示为:

$$p_{ro}(q_{ro}) = a - \log q_{ro} + \log(1+q_{ro}) \qquad （式2-17）$$

则收益函数是:

$$f_{ro}(q_{ro}, a) = p_{ro}(q_{ro}) \cdot q_{ro} t_{ro} = [a - \log q_{ro} + \log(1-q_{ro})] \cdot q_{ro} t_{ro} \qquad （式2-18）$$

其中, t_{ro} 被定义为:

$$t_{ro} = \begin{cases} 1, & a \geq p_{ro} \\ 0, & a < p_{ro} \end{cases} \qquad （式2-19）$$

鲁棒的最大最小收益模型被描述为:

$$Z_{ro}^* = \max_{q_{ro}} \left\{ \min_{a} f_{ro}(q_{ro}, a) \right\} \qquad （式2-20）$$

在鲁棒模型中,首先对于任意的价格 p_{ro} 在范围 $a \in [a_L, a_H]$ 内找到最坏情况(最小)的收益。获得最小收益后,再决定价格 p_{ro} 最大化的最小收益。

(2)考虑异质偏爱的静态鲁棒收益问题:在鲁棒的最大最小收益模型中,垄断公司决定产品优化问题中新产品的定价。市场中的顾客带有异质的偏爱,且

$a_i \in [a_{iL}, a_{iH}]$ ($i = 1, 2, \cdots, m$)。定义 $a_{L-} = \min_i(a_{iL})$ 是所有评估集合的最小下界，定义 $a_{L+} = \min_i(a_{iL})$ 是所有评估集合的最大下界。类似地，定义 $a_{H-} = \min_i(a_{iH})$，$a_{H+} = \min_i(a_{iH})$，同前面一样，用下标 e 表示带有异质顾客的参数。定义 $q_{re} = (q_{re1}, q_{re2}, \cdots, q_{rem})$ 为市场份额向量，定义 $a = (a_1, a_2, \cdots, a_m)$ 为评估向量。同时，定义 t_{rei} 为：

$$t_{rei} = \begin{cases} 1, & a \geq p_{re} \\ 0, & a_i < p_{re} \end{cases} \quad (\text{式 2-21})$$

收益函数被陈述为：

$$f_{re}(p_{re}, a) = \sum_{i=1}^{m} p_{re} q_{rei} t_{rei} \quad (\text{式 2-22})$$

根据 MNL 模型，价格被转化为：

$$p_{re}(q_{re}) = a_i - \log q_{rei} + \log(1 - q_{rei}) \quad (\text{式 2-23})$$

则收益函数为：

$$f_{re}(q_{re}, a) = \sum_{i=1}^{m} \left[a_i - \log q_{rei} + \log(1 - q_{rei}) \right] \cdot q_{rei} t_{rei} \quad (\text{式 2-24})$$

鲁棒的最大最小收益模型为：

$$Z_{re}^* = \max_{q_{re}} \left\{ \min_a f_{re}(q_{re}, a) \right\} \quad (\text{式 2-25})$$

在鲁棒的产品定价模型中，公司在考虑不确定的评估情况下，决定价格 p_{re}（或 q_{re}）以最大化最小收益。对于任意价格 p_{re}（或 g_{re}），考虑顾客评估为变量，公司在 $a_i \in [a_{iL}, a_{iH}]$ 范围内最小化收益。根据最小收益，公司设置价格以最大化这个最小收益。下面的引理给出了鲁棒的最大最小收益模型的最优价格。

一般情况下，精确模型的最优价格高于鲁棒模型的最优价格。如果顾客评估参数的不确定性被忽略，即选择模型的不确定性不被考虑，公司期望设置一个更高的价格。但是，在实际中，公司不能精确地获得所有类型顾客的每个评估参数，获得的评估参数一般会有一些误差。如果参数误差不被考虑，期望收益可能是高的，但是实际获得的收益将有较大的误差。如果这时产品的价格根据精确模型设置，相比鲁棒模型，获得的收益将有更大的偏差，实际获得的精确模型收益可能低于鲁棒模型的收益。因此，当考虑参数不确定性时，公司应该采取鲁棒的产品定价以获得稳定的收益，同时，鲁棒的产品定价模型与实际是一致的。

（二）动态定价模型

有学者在研究多阶段的产品定价问题时，通过一个动态的鲁棒模型说明参数学习的价值。动态的最大最小收益模型是静态鲁棒模型的一个扩展。在每个阶段，公司根据一个给定的价格、当前的市场份额和一个未来的定价评估收益。根据给定的价格和当前的市场份额，公司能进一步缩小顾客评估的范围，从而设置下一阶段的最优产品价格。对于每个评估集合在计算多阶段的最小收益后，公司设置价格以最大化最小收益。在多阶段的动态模型中，最后一个阶段能被简化为静态的鲁棒问题。

假设在整个营销周期内有两个定价阶段。在第一阶段，公司通过整合第二阶段的信息求解鲁棒的最大最小收益模型。在第二阶段，公司根据静态的最大最小收益模型设置价格。另外，假设两个阶段内产品价格没有折扣。

在下面的部分中，首先研究带有同质顾客的动态鲁棒模型的产品定价问题，然后研究带有异质顾客的动态最大最小鲁棒收益模型的产品定价问题。

1. 考虑同质偏爱的动态鲁棒模型

在两阶段的模型中，求解考虑同质顾客的动态最大最小收益的产品定价问题。同样等价地考虑公司把新产品卖给一个代表性的顾客。在第一阶段，公司首先设置一个价格。根据顾客的购买信息，公司设置第二阶段的价格以获得最大最小收益。类似于静态的鲁棒模型，公司仅知道顾客的评估 $a \in [a_L, a_H]$。为了便于分析，假设 $a_H \geq 2$，定义第一阶段的评估集合为 δ_1，第二阶段的评估集合为 δ_2。并定

义 p_{do}^1 为第一阶段的价格，p_{do}^2 为第二阶段的价格，其中，下标 d 表示动态模型，下标 o 表示同质偏爱。

当顾客的评估不低于产品的价格，即 $a \geq p_{do}^i$（$i = 1, 2$，表示第 i 个阶段）时，顾客以 MNL 模型的概率 p_{do}^i（$i = 1, 2$）购买该产品。在第一阶段，如果 $a \geq p_{do}^1$，顾客可能以概率 p_{do}^1 购买该产品，也可能以概率 $1 - p_{do}^1$ 不买该产品。因此，当公司观察顾客购买新产品时，评估集合被更新为 $\delta_2 = [p_{do}^1, a_H]$。

当顾客没有购买新产品时，顾客的评估包括两种情况：评估不低于价格，或者评估低于价格。对应的评估集合也有两种情况：$\delta_2 = [p_{do}^1, a_H]$ 或 $\delta_2 = [a_L, p_{do}^1]$，对于顾客不买产品的情况，假设 δ_2 等于 $[p_{do}^1, a_H]$ 的概率是 α，δ_2 等于 $[a_L, p_{do}^1]$ 的概率是 $1 - \alpha$，其中 $\alpha \in \{0, 1\}$。在更新评估集合 δ_2 后，类似于 2. 中的静态鲁棒模型，公司设置价格 p_{do}^2 以最大化最小收益。

评估集合具体如下：

$$\delta_1 = [a_L, a_H]$$

$$\delta_2 = \begin{cases} [p_{ab}^1, a_H] & \text{当} a \geq p_{ab}^1 \cdots\cdots \text{顾客购买产品} \\ \left. \begin{array}{l} [p_{do}^1, a_H] \quad \text{当} a \geq p_{do}^1 \cdots\cdots \alpha \\ [a_L, p_{do}^1] \quad \text{当} a < p_{do}^1 \cdots\cdots 1-\alpha \end{array} \right\} \text{顾客没有购买产品} \end{cases}$$

获得的收益是两个阶段收益的总和，

$$f_{do} = p_{do}^1 q_{do}^1 T_{do}^1 + p_{do}^2 q_{do}^2 T_{do}^2 \qquad \text{（式 2-26）}$$

其中

$$T_{do}^1 = \begin{cases} 1, & a \geq p_{do}^1 \\ 0, & a < p_{do}^1 \end{cases}, T_{do}^2 = \begin{cases} 1, & a \geq p_{do}^2 \\ 0, & a < p_{do}^2 \end{cases} \qquad \text{（式 2-27）}$$

最大最小收益模型被定义为：

$$Z_{do}^* = \max_{p_{do}^1} \left\{ \min_a f_{do} \right\} \qquad (\text{式 2-28})$$

2. 考虑异质偏爱的动态鲁棒模型

本节扩展了最大最小收益问题，在动态模型中考虑异质顾客的偏爱。类似于 1.，公司首先在第一阶段设置价格以最大化最小收益。根据顾客的购买信息，公司将调整第二阶段的价格。在第一阶段，公司仅知道顾客 i（$i = 1, 2, \cdots, m$）的评估 $a_i \in [a_{iL}, a_{iH}]$，定义 $\delta_{i1} = [a_{iL}, a_{iH}]$。为了便于分析，假设 $a_H + = \max_i (a_{iH}) \geq 2$。如果顾客 i 在第一阶段购买产品，在第二阶段顾客 i 的评估集合被缩小到 $\delta_{i2} = [p_{de}^1, a_{iH}]$（在这部分，用下标 de 表示考虑异质偏爱的动态最大最小收益模型）。如果顾客 i 不买这个产品，在第二阶段顾客 i 的评估集合是 $\delta_{i2} = [p_{de}^1, a_{iH}]$ 或者 $\delta_{i2} = [a_{iL}, p_{de}^1]$。对于不买该产品的所有顾客，评估集合是 $[p_{de}^1, a_{iH}]$ 的概率是 α，评估集合是 $[a_{iL}, p_{de}^1]$ 的概率是 $1 - \alpha$，其中 $0 \leq \alpha \leq 1$。定义 β（$0 \leq \beta \leq 1$）为在第一阶段购买产品的所有顾客的比例。顾客 i 在两个阶段的评估集合分别被表示如下：

$$\delta_{i1} = [a_{iL}, \ a_{iH}] \qquad (\text{式 2-29})$$

$$\delta_{i2} = \begin{cases} [p_{de}^1, a_{iH}] & \text{当} a_i \geq p_{de}^1 \cdots\cdots \beta \\ \begin{cases} [p_{de}^1, a_{iH}] & \text{当} a_i \geq p_{de}^1 \cdots\cdots \alpha \\ [a_{iL}, p_{de}^1] & \text{当} a_i \geq p_{de}^1 \cdots\cdots 1-\alpha \end{cases} 1-\beta \end{cases} \qquad (\text{式 2-30})$$

考虑异质偏爱的动态最大最小收益模型是不同于静态模型的，下面首先设置第二阶段的最优价格，然后根据第二阶段的结果求解第一阶段的产品定价问题。

（1）第二阶段的定价：第二阶段的定价问题与 2. 节中的静态定价问题一致。基于第一阶段的购买信息，公司能进一步缩小顾客的评估集合，评估参数的学习对于第二阶段的定价是非常有帮助的。

研究第二阶段的最大最小收益问题时考虑两种情况，$p_{de}^2 > p_{de}^1$ 或 $p_{de}^2 \leq p_{de}^1$。对于这两种定价情况，分别求解第二阶段的最优定价以最大化最小收益。为了便于陈述，定义：

$$M_1 = m\beta p_{de}^1 \quad\quad (式2-31)$$

$$M_2 = \sum_{j=1}^{m} p_{de}^2 q_{dej}^2 T_{dej}^2 \quad\quad (式2-32)$$

其中，$p_{de}^2 = W(e^{a_L-1}) + 1$。对于 $\forall j(j=1,2,\cdots,m)$，如果 $a_j \geq p_{de}^2$，则 $T_{dej}^2 = 1$；如果 $a_j < p_{de}^2$，则 $T_{dej}^2 = 0$。

（2）第一阶段的定价：本节主要在动态的产品定价问题中，研究第一阶段的定价以最大化最小收益，第二阶段的价格和收益是研究第一阶段定价问题的基础。

动态的鲁棒最大最小收益问题被描述为：

$$Z_{de}^* = \max_{p_{de}^1} \left\{ \min_a f_{de} \right\} \quad\quad (式2-33)$$

其中，收益函数被定义为：

$$f_{de} = f_{de}^1 + f_{de}^2 \quad\quad (式2-34)$$

其中，f_{de}^1 表示第一阶段的收益，f_{de}^2 表示第二阶段的收益。第一阶段的收益取决于产品的价格 p_{de}^1 和真实的需求，第二阶段的收益取决于定价和真实的购买需求。

如果在第一阶段一部分顾客购买新产品并且最坏情况的收益被获得，公司将在下一阶段提升新产品的价格。在第一阶段，公司通过获得顾客对产品评估的部分信息，决定最优定价以获得最大最小收益。根据第一阶段的购买信息，公司进一步计算顾客的评估值。如果最坏情况的收益被获得，公司将增加第二阶段的价格。特殊地，当在第一阶段没有顾客购买新产品时，第二阶段的价格通常被降低，直到与静态的鲁棒价格相等。

（3）考虑均匀异质分布的动态定价：在本节中，假设顾客的评估从一个特殊分布，则第一阶段的价格能被精确地得到。

假设公司知道顾客的评估 a_i（$i=1, 2, \cdots, m$）位于 $[a_{iL}, a_{iH}]$，且垄断者知道 a_i 的分布是 $G(a)$，其中 $G(a)$ 是一个均匀分布，即 $a \sim U[a_{L-}, a_{H+}]$。当 $a_i \geq p$ 时，顾客将以 MNL 模型中的概率 q_i 购买新产品。在第一阶段购买产品的高评估顾客的比率能被转化为一个关于 β 分布的函数，即 $\beta + (1-\beta)\alpha = P(a \geq p_1) = 1 - G(p_1)$。定义 Q 为第一阶段的平均购买概率，且 $Q = \dfrac{e^{a-p_1}}{1+e^{a-p_1}}$，其中 $a = \dfrac{a_{L-} + a_{H+}}{2}$。为了便于分析，假设 $\beta = P(a \geq p_1) \cdot Q = [1 - G(p_1)] \cdot \dfrac{e^{a-p_1}}{1+e^{a-p_1}}$。当第一阶段最坏情况的收益被获得时，公司将在下一阶段提升价格。

（三）数值实验

本节通过数值实验说明以下两种情况：

一是在产品定价问题中考虑参数不确定性的重要性。

二是公司对于不确定参数学习的意义。几个不同的实验被描述如下。

在 1. 节中，通过一个数值实验比较精确模型和鲁棒模型，说明考虑参数不确定性的必要性。通过实验发现，当评估非常不准确时，精确模型的收益有较大的偏差。随着评估集合的间距变大，精确模型和鲁棒模型的收益相差更多。相比精确模型，鲁棒模型能获得更稳定的收益。

在 2. 节中，通过一个数值实验比较静态鲁棒模型和动态鲁棒模型的最优解。在动态的鲁棒模型中，第二阶段的价格根据第一阶段的价格和购买信息确定。通过实验发现，相比静态的鲁棒模型，动态的鲁棒模型能获得更高的收益。

1. 精确模型和鲁棒模型比较

在产品优化问题中，本节通过数值实验比较精确模型和鲁棒模型的结果，说明考虑参数不确定性的必要性。不失一般性，在下面实验中仅考虑同质的顾客，考虑同质顾客的结论很容易推广到考虑异质顾客的结论中。

在下面的实验中，考虑两个指标以研究鲁棒模型和精确模型的差异性。第一个指标是最坏情况的损失（WCL，这与Bert-simas和Misic是一致的），它被定义为：

$$WCL = 100\% \times \frac{f_{no}(q_{no}, a) - f_{no}(q_{no}, \delta)}{f_{no}(q_{no}, a)} \quad （式2-35）$$

其中，$f_{no}(q_{no}, a)$根据最优价格和真实的购买需求确定，且$f_{no}(q_{no}, \delta) = \min_a \in \delta f_{no}(q_{no}, a)$。WCL衡量当估计参数相当不准确时精确模型中收入恶化的程度，即精确模型中最坏情况的收益比期望收益少多少。

第二个指标是相对误差（RD），它被定义为：

$$RD = 100\% \times \frac{f_{no}(q_{no}, a) - f_{ro}(q_{ro}, \delta)}{f_{ro}(q_{ro}, a)} \quad （式2-36）$$

其中，$f_{no}(q_{no}, a)$表示考虑同质偏爱的精确模型的收益，$f_{ro}(q_{ro}, a)$表示考虑同质顾客的鲁棒收益。RD衡量精确模型的收益偏离鲁棒收益的程度，偏离的程度越大，期望的精确模型收益相对于鲁棒收益越不稳定。

在下面的实验中，假设共有七组评估集合$\delta = [a_L, a_H]$，即[1, 15]，[2, 12]，[3, 10]，[4, 8]，[5, 8]，[6, 7.5]，[7, 7.5]。精确模型的评估参数被假设为$a = (a_L + a_H)/2$。表2-1给出了不同评估集合的WCL和RD的值。

从表2-1中可以观察到WCL和RD随着不同评估集合的变化而变化的情况。随着评估集合的间距变小，WCL和RD的值也变小。当评估集合是[7, 7.5]时，WCL是4.37%，RD是4.57%。但是当集合的间距变得相当大时，WCL和RD也变大。例如，当评估集合是[1, 15]时，WCL上升到100.00%，RD也显著增大到839.30%。从图2-2中也能清晰地观察到，评估集合的间距越大，WCL和RD也越大。这表明当顾客的评估参数能被精确地估计时，公司采取精确的产品定价模型将得到类似于预期值的利润。但是，当公司不能精确地估计顾客的评估值时，精确模型的最坏情况损失将变大，精确模型相对鲁棒模型收益的偏差也将变大。

这时，如果精确的产品定价模型被采用，公司可能遭受较大的损失。因此为了获得更稳定的收益，公司应该采用鲁棒的产品定价模型。

表 2-1　不同评估集合的 WCL 和 RD 的值

评估集合	$f_{no}(q_{no}, a)$	$f_{ro}(q_{ro}, a)$	WCL/%	RD/%
[1, 15]	5.3272	0.5671	100.00	839.30
[2, 12]	4.4967	1	77.76	349.67
[3, 10]	4.0912	1.5571	61.94	162.74
[4, 8]	3.6934	2.2079	40.22	67.28
[5, 8]	4.0912	2.9263	28.47	39.81
[6, 7.5]	4.2930	3.6934	13.97	16.23
[7, 7.5]	4.7020	4.4967	4.37	4.57

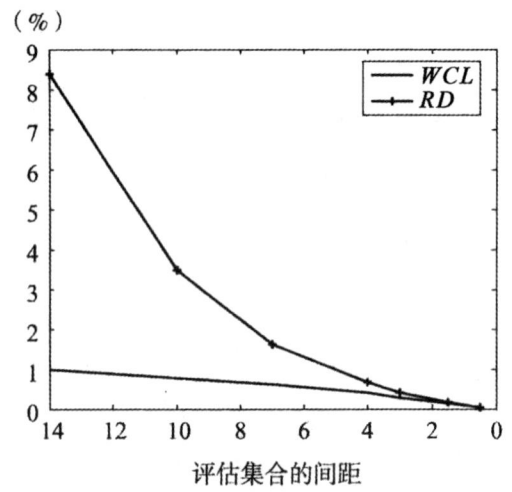

图 2-2　不同评估集合间距下 WCL 和 RD 的变化曲线

2. 静态模型和动态模型比较

在本节中，主要对鲁棒的产品定价问题中的静态模型和动态模型进行比较。这部分是对本书的最优解与 Handel 和 Misra[200] 中的最优解进行比较，Handel 和 Misra[200] 以最小最大遗憾为目标研究了鲁棒的新产品定价问题。垄断者计划开发一个新产品。假设垄断者只知道顾客对产品的评估 $a_i = [a_{iL}, a_{iH}]$。这里考虑两种评估集合，$a_L = [1, 4]$ 且 $a_H \in [10, 18]$，或 $a_L = [0.1, 0.5]$ 且 $a_H \in [2, 4]$。为了便于分析，同 Handel 和 Misra[200] 一样，假设顾客的真正评估 a_i 服从 a_{iL} 和 a_{iH} 之间的 Beta 分布，通过模拟三组参数（a_1 和 β_1）观察不同顾客的评估对于价格和收益的影响。同时也比较了最大最小收益模型的最优解和最小最大遗憾模型的最优解，包括静态价格和两个阶段的动态价格，以及对应的收益。对于每组评估，生成了 100 个顾客的评估集合。

对于高评估产品，$a_L \in [1, 4]$ 和 $a_H \in [10, 18]$，静态的最大最小收益、定价（p^*）、第一阶段动态的最大最小收益定价（p_1）、静态的最小最大遗憾定价（p_L^*，其中下标 L 表示 Handel 和 Misra[200] 中的解，下面是类似的）和第一阶段动态的最小最大遗憾定价（p_{L1}）分别为：

$$p^* = W\left(e^{a_L - 1}\right) + 1 = 1.58 \qquad (式2-37)$$

$$p_1 = 6.85 \qquad (式2-38)$$

$$p_L^* = \frac{a_{H+} + a_{H-}}{4} = 7 \qquad (式2-39)$$

$$p_{L1} = \frac{23 a_{H+} + 49 a_{H-}}{144} = 6.28 \qquad (式2-40)$$

这些解都是根据实际的模拟数据获得的，第二阶段的价格根据第一阶段的价格和真实的购买概率获得。表 2-2 给出了第一阶段顾客的购买概率。

表 2-2 不同评估集合的概率

	$e_L \in [1, 4], a_H \in [10, 18]$			$e_L \in [0.1, 0.5], a_H \in [2, 4]$		
	β	α	$p(a_i \geq p_{de}^1)$	β	α	$p(a_i \geq p_{de}^1)$
A（2，9）	0.05665	0.02475	0.08	0.0568	0.0458	0.1
B（2，2）	0.6765	0.1035	0.71	0.4632	0.4225	0.69
C（9，2）	0.9912	1.0	1.0	0.7906	1.0	1.0

图 2-3 描绘了高评估集合的仿真结果。图中第一列表示的是真实顾客的评估曲线，来自具有不同参数（α_1，β_1）的 Beta 分布，第二列表示对应顾客评估的静态和动态鲁棒模型的价格，第三列表示边际收益。

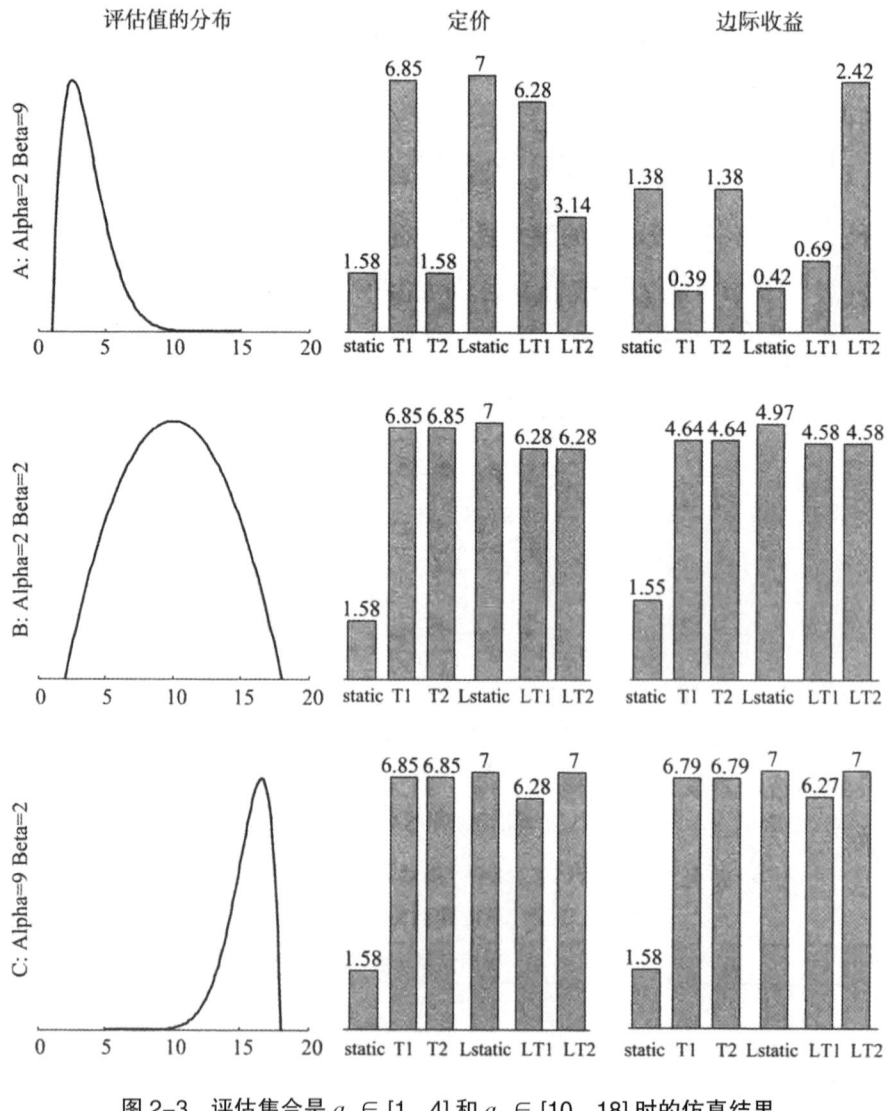

图 2-3　评估集合是 $a_L \in [1, 4]$ 和 $a_H \in [10, 18]$ 时的仿真结果

注："static""T1""T2"分别表示最大最小收益模型中静态的、第一阶段和第二阶段的解，"Lstatic""LT1""LT2"分别表示文献中最小最大遗憾模型中静态的、第一阶段和第二阶段的解，下同。

在实验 A（$\alpha_1 = 2$，$\beta_1 = 9$）中，真实的评估值通常是比较低的。静态的最大最小收益定价（$p^* = 1.58$）低于静态的最小最大遗憾定价（$p_L^* = 7$），静态的最大最小收益高于最小最大遗憾的收益。在动态模型中，最大最小收益模型的第一阶段的购买概率只有 5.67%。通过引理 3.5 可知，第二阶段的价格将降低到 1.58，边际收益从 0.39 上升到了 1.38，和最小最大遗憾模型比较，最大最小收益模型中两个阶段的边际收益都是更低的。

在实验 B（$\alpha_1 = 2$，$\beta_1 = 2$）中，真实的评估值在评估集合内是对称的。静态的最大最小收益低于最小最大遗憾的收益。在最大最小收益的动态模型中，第一阶段有 67.65% 的顾客购买了产品。根据引理 3.5，第二阶段的价格等于第一阶段的价格。在最大最小收益模型中两个阶段的价格都高于最小最大遗憾模型的价格。同时，公司在最大最小收益模型中也获得了更高的边际收益。

在实验 C（$\alpha_1 = 9$，$\beta_1 = 2$）中，真实的评估值通常是比较高的。最大最小收益模型中静态的边际收益低于最小最大遗憾模型的边际收益。在最大最小收益的动态模型中，几乎所有的顾客都购买了新产品。根据引理 3.5，第二阶段的价格被设置为与第一阶段相同的价格。和最小最大遗憾模型相比，公司在最大最小收益模型中，第一阶段能获得更高的边际收益，但是第二阶段获得的边际收益降低了。

对于低评估产品，$a_L \in [0.1, 0.5]$ 和 $a_H \in [2, 4]$，最大最小收益模型的静态价格（p^*）和第一阶段动态价格（p_1）以及最小最大遗憾模型的静态价格（p_L^*）和第一阶段动态价格（p_{L1}）分别为：

$$p^* = W\left(e^{a_L - 1}\right) + 1 = 1.3 \qquad （式2-41）$$

$$p_1 = 1.39 \qquad （式2-42）$$

$$p_L^* = \frac{a_{H+} + a_{H-}}{4} = 1.5 \qquad （式2-43）$$

$$p_{L1} = \frac{23a_{H+} + 49a_{H-}}{144} = 1.32 \qquad (式 2\text{-}44)$$

第二阶段价格根据第一阶段价格和购买信息确定。表 2-2 给出了低评估顾客的购买概率。对于低评估顾客的仿真结果如图 2-4 所示。

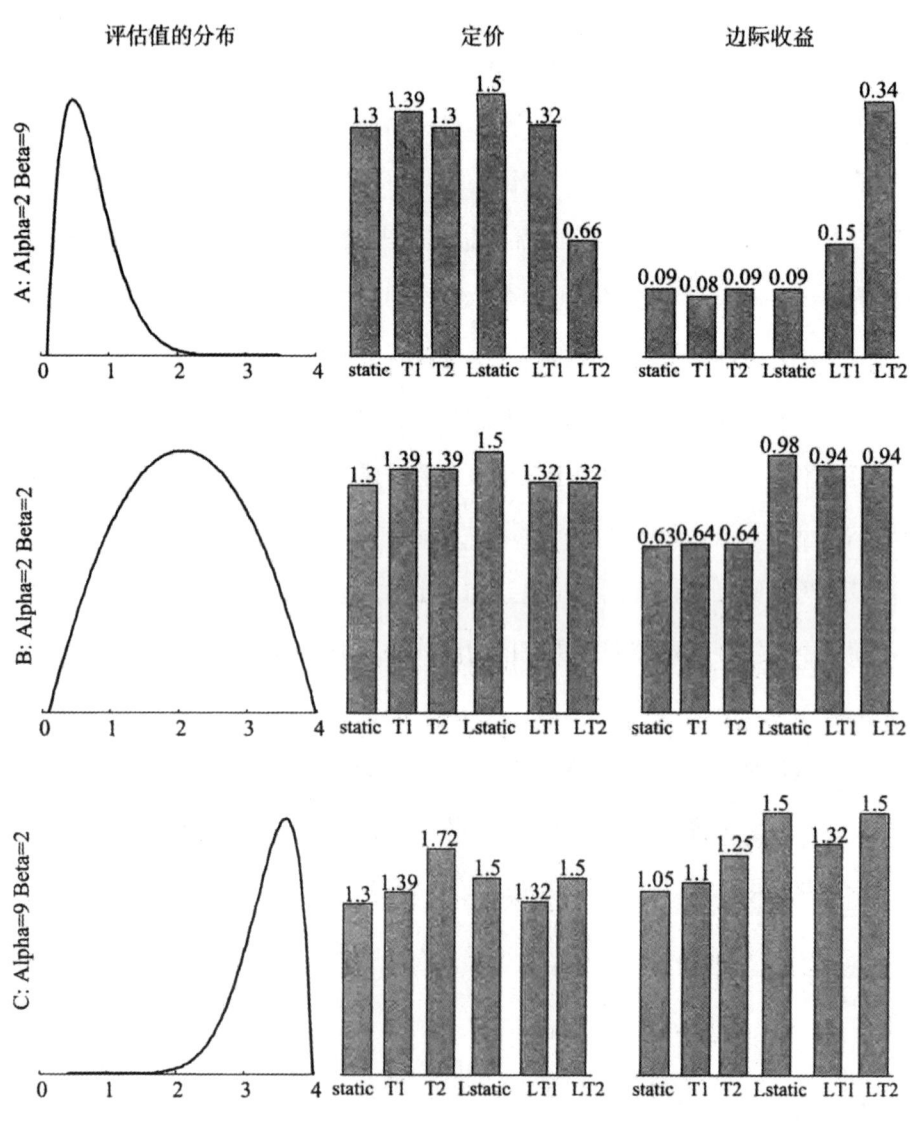

图 2-4 对于评估集合 $a_L \in [0.1, 0.5]$ 和 $a_H \in [2, 4]$ 的仿真结果

在实验 A（$\alpha_1=2$，$\beta_1=9$）中，比较的结果类似于高评估顾客的情况。静态的最大最小收益定价（$p^*=1.3$）低于静态的最小最大遗憾定价（$p_L^*=1.5$），但是两个鲁棒模型的静态边际收益几乎是一致的。在最大最小收益的动态模型中，第一阶段的价格被设置为1.39，仅有5.68%的顾客购买新产品。根据引理3.5，第二阶段的价格被降低到1.3。因此，相对于第一阶段的收益，第二阶段的边际收益增加了。但是，在最大最小收益模型中两个阶段的边际收益都低于最小最大遗憾模型的边际收益。

在实验 B（$\alpha_1=2$，$\beta_1=2$）中，在最大最小收益模型中静态价格和静态的边际收益都低于最小最大遗憾模型的值。在最大最小收益的动态模型中，46.32%的顾客在第一阶段购买新产品。因此第二阶段的定价等于第一阶段的定价。与最小最大遗憾模型的两个动态阶段相比，最大最小收益模型的定价更高，但是获得的边际收益更低。

在实验 C（$\alpha_1=9$，$\beta_1=2$）中，最大最小收益的静态模型价格和边际收益都低于最小最大遗憾模型。在最大最小收益的动态模型中，较多的顾客在第一阶段购买新产品。根据引理3.5，第二阶段的价格提升到1.72。同时，第二阶段的边际收益也高于静态收益和第一阶段的边际收益。但是，在动态模型的两个阶段中，最大最小收益模型的定价高于最小最大遗憾模型的定价，但是边际收益低于最小最大遗憾模型。

在最大最小收益模型和最小最大遗憾模型中，发现有时最大最小收益模型的收益更高，有时最小最大遗憾模型的收益更高。在已有文献的最小最大遗憾模型中，当顾客的评估不低于产品的价格时，假设顾客一定会购买新产品。但是，在本书的最大最小收益模型中，顾客的选择行为被考虑。当顾客的评估不低于产品的价格时，顾客以 MNL 模型的概率购买新产品。从数值实验中发现，当在产品定价模型中考虑顾客的选择行为时，评估不低于价格的概率明显高于顾客的真正购买概率。因此，最大最小收益模型的边际收益有时低于最小最大遗憾模型的边际收益。但是，在最大最小收益的产品优化模型中，对顾客选择行为的研究更加符合现实，结果更加符合实际。

三、小结

在本节中，将传统的产品线定价问题扩展为考虑顾客选择模型中参数不确定性的问题。鲁棒模型假设公司仅知道顾客评估的参数集合，不能精确地获得真实的评估参数值。首先基于 MNL 模型研究开发一个产品时的鲁棒定价问题，在引入一个精确模型的最优定价后，研究了考虑同质顾客和异质顾客的静态鲁棒模型和动态鲁棒模型。然后通过数值实验比较了精确模型和鲁棒模型，也比较了静态的鲁棒结果和动态的鲁棒结果。

本节研究得到以下三个结果。

一是鲁棒的产品定价模型对于解决参数不确定性是非常必要的。本部分首先对比分析了考虑同质偏爱和异质偏爱的静态的精确模型和鲁棒模型，其次研究了静态鲁棒模型和动态鲁棒模型，同时也得到了静态价格和动态价格的解析解。在动态模型中，第二阶段的价格根据第一阶段的价格和购买信息确定。

二是最优的精确模型价格不低于最优的鲁棒模型价格。但是，期望的精确模型利润容易受到模型参数的影响。当评估参数不精确时，最坏情况的利润将低于期望的精确模型利润。通过比较精确模型和鲁棒模型，发现当评估参数相当不精确时，鲁棒的产品定价模型优于精确模型。当获得最坏情况的收益时，精确模型的收益和实际收益间的差异很大。随着不确定参数集合的间距变大，鲁棒利润相对于最坏情况精确模型利润的改进也增大。为了获得稳定的收益，当评估参数不精确时，公司应该采取鲁棒定价策略。

三是数值实验比较了静态模型的最优解和动态模型的最优解。通常，对于同质顾客，动态的初始定价不低于静态定价。对于异质顾客，当获得最坏情况的收益时，第二阶段的价格不低于第一阶段的价格；当在第一阶段没有顾客购买新产品时，第二阶段的价格通常被降低到等于静态价格。公司采取动态的鲁棒模型可以较好地了解顾客对新产品的评估情况,也能较好地制定定价策略以获得最优利润。

第二节 基于半参数选择模型的产品线定价

一、概述

在产品线设计过程中,模拟顾客的购买行为是一个重要的研究内容。MNL模型是被广泛使用的顾客选择模型之一,但是MNL模型有较强的假设——不相关选项是互相独立的(IIA)且随机误差项服从相同的Gumbel分布(IID)——这个假设在实际中有时并不满足。近年来,Natarajan等提出了Marginal Distribution Model(MDM)和Marginal Moment Model(MMM),它们被归类为半参数选择模型。这两个模型有简单的公式形式,不需要提供误差的特定分布,并能克服IIA问题。

Li和Huh基于NL模型和MNL模型研究了产品线定价问题,本部分的研究受这篇文献启发,但与这篇文献不同的是,本章主要应用MDM和MMM模型模拟顾客选择行为。本章基于MDM和MMM模型研究产品线定价问题在垄断和寡头市场中利润函数的性质,得到了最优价格和市场份额的求解方程,并分析了不同参数对最优解的影响。

二、垄断市场下的产品线定价模型

本部分首先详细介绍了MDM和MMM模型,其次证明了垄断市场下基于MDM和MMM的产品线定价模型的利润函数是凹函数,并获得求解最优价格和最优市场份额的隐式方程。

(一)MDM和MMM

Natarajan等提出了两个新的选择模型——Marginal Distribution Model(MDM)

和 Marginal Moment Model（MMM），当随机效用拥有有限的信息时，即效用误差项的分布函数或者均值和方差是已知的，MDM 和 MMM 模型就可以被应用。假设顾客所属的集合为 I，产品所属的集合为 K，以 u_{ik} 定义顾客 i ($i \in I$) 选择产品 k ($k \in K$) 的感知效用，它被表示为：

$$u_{ik} = v_{ik} + \varepsilon_{ik} \qquad （式 2-45）$$

其中，v_{ik} 表示从产品的可观察属性中获得的确定效用，ε_{ik} 表示不可观测到或特殊的效用误差项。假设 ε_{ik} 是一个随机变量，顾客至多选择一个产品，顾客的效用最大化模型被定义为：

$$Z(u_i) = \max_{i \in I} \left\{ \sum_{k \in K} u_{ik} x_{ik} : \sum_{k \in K} x_{ik} = 1, x_{ik} \in \{0,1\} \forall k \in K \right\} \qquad （式 2-46）$$

以 q_{ik} 击定义顾客 i 选择产品 k 的概率，则：

$$q_{ik} = q\left(x_{ik}(u_i) = 1\right) = q\left(u_{ik} \geq u_{ij}, \ \forall j \in K\right) \qquad （式 2-47）$$

如果效用误差项 ε_{ik} 的一些有限分布信息已知，例如，边际分布或边际矩，已知的分布信息被定义为 Θ，然后为了最大化顾客的福利（或效用）需要确定一个极值分布 $\theta \in \Theta$，

$$\max_{\theta \in \Theta} E_{\theta}\left[Z(u_i)\right] \qquad （式 2-48）$$

Natarajan 等的主要结论如下：对于顾客 i，假设 ε_{ik} 是一个连续随机变量，它的分布函数是 $F_{ik}(\varepsilon)$，式（4-4）等价于下面的最大化问题：

$$\max_{q_{ik}} \left\{ \sum_{k \in K} \left(v_{ik} q_{ik} + \int_{1-q_{ik}}^{1} F_{ik}^{-1}(t) dt \right) : \sum_{k \in K} q_{ik} = 1, q_{ik} \geq 0 \forall k \in K \right\} \qquad （式 2-49）$$

在 MDM 中，最优条件下的选择概率为：

$$q_{ik}^{*} = 1 - F_{ik}(\lambda_i - v_{ik}) \qquad （式 2-50）$$

其中，拉格朗日乘子 λ_i 根据下面方程求解：

$$\sum_{k \in K} q_{ik}^* = \sum_{k \in K} \left(1 - F_{ik}(\lambda_i - v_{ik})\right) = 1 \qquad （式 2-51）$$

如果随机效用误差 ε_{ik} 的均值 0 和方差 σ_{ik} 已知，即效用 u_{ik} 的均值 v_{ik} 和方差 σ_{ik} 已知，但是精确的分布函数未知，在 MMM 模型下的最大化问题被定义为：

$$\max_{q_{ik}} \left\{ \sum_{k \in K} \left(v_{ik} q_{ik} + \sigma_{ik} \sqrt{q_{ik}(1 - q_{ik})} \right) \sum_{k \in K} q_{ik} = 1, q_{ik} \geq 0 \forall k \in K \right\} \qquad （式 2-52）$$

获得的最优选择概率为：

$$q_{ik}^* = \frac{1}{2} \left(1 + \frac{v_{ik} - \lambda_i}{\sqrt{(v_{ik} - \lambda_i)^2 + \sigma_{ik}^2}} \right) \qquad （式 2-53）$$

其中，拉格朗日乘子 λ_i 由下面方程求解：

$$\sum_{k \in K} q_{ik}^* = \sum_{k \in K} \frac{1}{2} \left(1 + \frac{v_{ik} - \lambda_i}{\sqrt{(v_{ik} - \lambda_i)^2 + \sigma_{ik}^2}} \right) = 1 \qquad （式 2-54）$$

MDM 和 MMM 模型都依赖于拉格朗日乘子 λ，不相关选项的独立性不必保持，因此，MDM 和 MMM 模型的约束不像 MNL 模型或 MNP 模型那样强，不必服从 IIA 特性，不需要大量的仿真实验，有更广泛的应用范围。当效用误差的分布函数或者均值和方差已知时，通过求解效用最大化模型就可以求得最优的选择概率。

（二）基于 MDM 利润函数的凹性

假设垄断公司计划开发多个产品以获得最大利润，产品所属集合为 $J = \{1, \cdots, J_n\}$，市场仅有一个细分市场。顾客选择产品 j（$j \in J$）的效用为 $u_j = v_j + \varepsilon_j$，其中，$v_j$ 是与产品的已知属性相关的确定性效用，ε_j 是与模型中没有考虑到的因素相关的随机误差。令 q_j 表示顾客选择产品 j 的概率（或市场份额），则 MDM 的概率函数表示为：

$$\begin{cases} q_j = 1 - F_j(\lambda - v_j) \\ \sum_{j \in J \cup \{0\}} q_j = 1 \end{cases} \qquad \text{(式 2-55)}$$

其中，F_j 是随机误差项 ε_j 的分布函数，产品 0 表示一个外部选择，即不买 J 中任一产品。定义 v_0 是顾客购买产品 0 得到的确定性效用，σ_0 是随机效用误差的方差，q_0 是顾客选择产品 0 的概率，假设 v_0 和 σ_0 是已知的。

因为产品的效用与产品的属性直接相关，并与价格负相关，定义：

$$v_j = a_j - bp_j \qquad \text{(式 2-56)}$$

其中，a_j 是与产品 j 的属性相关（如质量）的效用且独立于价格，p_j 表示产品 j 的价格，b 表示顾客对产品的价格敏感性系数。在本章中，假设价格敏感性系数只和公司有关，与单个产品无关，因为属于同一公司的产品是可能有相似属性。这与品牌忠诚度的思想也是一致的，如果一个顾客忠诚于某个品牌，顾客的购买行为通常与品牌本身有关，而与单个产品的价格波动无关。定义市场份额向量为 $q = (q_0, q_1, q_2, \cdots, q_{J_n})$，且价格向量为 $p = (p_1, p_2, \cdots, p_{J_n})$。

Hanson 和 Martin 已经指出产品线优化模型的利润函数关于价格是非凹的，因此，本节将利润函数转化为关于市场份额的函数，然后证明这个利润函数的凹性。

垄断公司获得的利润函数被表示为：

$$\Gamma(q) = R(q) - C(q) \qquad \text{(式 2-57)}$$

其中，右边的第一部分表示收益函数，第二部分表示成本函数。公司的收益被进一步表示为：

$$R(q) = \sum_{j \in J} p_j(q) \cdot q_j \qquad \text{(式 2-58)}$$

成本被表示为：

$$C(q) = \sum_{j \in J} c_j q_j \qquad (式2\text{-}59)$$

其中，c_j 表示产品 j 的单位成本。

利润最大化问题被描述为：

$$\max \Gamma(q)$$
$$\text{s.t.} \sum_{j \in J \cup \{0\}} q_j = 1 \qquad (式2\text{-}60)$$

因为 $q_0 = 1 - F_0(\lambda - v_0)$，$\lambda = v_0 + F_0^{-1}(1 - q_0)$，且 $v_j = \lambda - F_j^{-1}(1 - q_j) = a_j - b p_j$，则

$$p_j(q) = \frac{a_j - \lambda}{b} + \frac{1}{b} F_j^{-1}(1 - q_j) \qquad (式2\text{-}61)$$

因此收益函数能被重新表述为：

$$\begin{aligned}
R(q) &= \sum_{j \in J} p_j(q) q_j = \sum_{j \in J} \left[\frac{a_j - \lambda}{b} q_j + \frac{q_j}{b} F_j^{-1}(1 - q_j) \right] \\
&= \sum_{j \in J} \left\{ \frac{a_j - [v_0 + F_0^{-1}(1 - q_0)]}{b} \cdot q_j + \frac{q_j}{b} F_j^{-1}(1 - q_j) \right\} \qquad (式2\text{-}62) \\
&= \sum_{j \in J} \left\{ \frac{a_j - v_0}{b} \cdot q_j - \frac{q_j}{b} F_0^{-1}(1 - q_0) + \frac{q_j}{b} F_j^{-1}(1 - q_j) \right\}
\end{aligned}$$

因为 $C(q) = \sum_{j \in J} c_j q_j$，关于 q 是线性的，为了证明利润函数 $\Gamma(g)$ 关于 q 是凹函数，仅需证明收益函数 $R(q)$ 关于 q 是凹函数。

（三）基于 MMM 模型利润函数的凹性

本节将研究基于 MMM 的产品线定价模型的利润函数的凹函数性质，并讨论最优性条件。

1. 利润函数的凹性

假设垄断公司计划开发 J_n 个产品，市场中仅有一个细分市场。通过应用类

似于（二）节中的假设和定义，并且假设随机效用的均值 v_j 和方差 σ_j 已知，则基于 MMM 的产品线定价模型被描述为：

$$\max \Gamma(q) = R(q) - C(q)$$
$$s.t. \sum_{j \in J \cup \{0\}} q_j = 1 \qquad \text{（式 2-63）}$$

其中

$$q_j = \frac{1}{2}\left(1 + \frac{v_j - \lambda}{\sqrt{(v_j - \lambda)^2 + \sigma_j^2}}\right) \qquad \text{（式 2-64）}$$

方程（2-64）能被重写为：

$$v_j = \lambda + \frac{(2q_j - 1)\sigma_j}{2}\left(q_j - q_j^2\right)^{-\frac{1}{2}} \qquad \text{（式 2-65）}$$

因为 $q_0 = \frac{1}{2}\left(1 + \frac{v_0 - \lambda}{\sqrt{(v_0 - \lambda)^2 + \sigma_0^2}}\right)$，则：

$$\lambda = v_0 - \frac{(2q_0 - 1)\sigma_0}{2}\left(q_0 - q_0^2\right)^{-\frac{1}{2}} \qquad \text{（式 2-66）}$$

又 $v_j = a_j - b p_j$，所以价格关于市场份额的映射为：

$$p_j(q) = \frac{a_j - v_j}{b} = \frac{1}{b}\left[a_j - \lambda - \frac{(2q_j - 1)\sigma_j}{2}\left(q_j - q_j^2\right)^{-\frac{1}{2}}\right]$$
$$= \frac{1}{b}\left[a_j - v_0 + \frac{(2q_0 - 1)\sigma_0}{2}\left(q_0 - q_0^2\right)^{-\frac{1}{2}} - \frac{(2q_j - 1)\sigma_j}{2}\left(q_j - q_j^2\right)^{-\frac{1}{2}}\right] \qquad \text{（式 2-67）}$$

其中，$\sigma_j > 0$，$\sigma_0 > 0$，关于变量市场份额的收益函数为：

$$R(q) = \sum_{j \in J} p_j(q) \cdot q_j$$
$$= \sum_{j \in J} \left[\frac{a_j - v_0}{b} q_j + \frac{(2q_0 - 1)\sigma_0}{2b} q_j (q_0 - q_0^2)^{-\frac{1}{2}} - \frac{q_j(2q_j - 1)\sigma_j}{2b} (q_j - q_j^2)^{-\frac{1}{2}} \right] \quad \text{（式2-68）}$$

利润函数是 $\Gamma(q) = R(q) - C(q) = \sum_{j \in J} p_j(q) \cdot q_j - \sum_{j \in J} c_j q_j$，且 $C(q)$ 关于 $q_j \in$ （0，1）是线性的，为了证明利润函数关于市场份额是凹函数，仅需证明收益函数 $R(q)$ 关于市场份额是凹函数即可。

2. 最大化利润

在上一部分中，垄断市场的收益函数和利润函数已经被证明是凹函数。通过求利润函数的导数，可以获得最优的市场份额和最优价格，得到的函数值是最优利润。

通过这个定理可以发现，最优价格和最优市场份额（选择概率）与产品的质量、生产成本、价格敏感性参数、新产品和竞争产品的效用方差、竞争产品的确定性效用及其他新产品的市场份额有关。因此，在作出利润最大化的决策时，必须综合考虑以上因素。由于产品质量是在生产阶段形成的，所以在产品线设计问题中，公司对产品的质量控制能力是不可忽视的。

三、寡头市场中的产品线定价模型

当产品被许多利润最大化的寡头公司拥有时，这些公司之间存在着竞争，因此产品的价格和生产数量的决定对公司而言是至关重要的。本节在寡头市场中建立了产品线定价模型，证明利润函数关于市场份额是凹函数，并获得 Cournot 竞争和 Bertrand 竞争下的最优价格和最优市场份额。

（一）利润函数的凹性

假设市场中共有 J_n 个产品，产品根据特征被分为 $K \geq 1$ 组。令 M_k（$k = 1, \cdots,$

K）表示属于分支 k 的产品的数目，则 $\sum_{k=1}^{K} M_k = J_n$。基于 MMM 模型建立一个寡头模型，其中每个分支对应竞争公司之一提供的一组产品。定义 q_{kj} 为在公司 k 中产品 j（$j = 1, \cdots, M_k$）的选择概率，定义市场份额向量为 $\bar{q} = (q_0, q_{11}, q_{12}, \cdots, q_{1M_1}, \cdots, q_{KM_K})$。令 $\Gamma_k(\bar{q})$ 表示公司 k 的利润函数，$R_k(\bar{q})$ 表示公司 k 的收益，$C_k(\bar{q})$ 表示公司 k 的成本。假设价格敏感性系数 b_a 仅与公司有关。每个公司的目标是最大化利润，这个问题被描述为：

$$\max \Gamma_k(\bar{q})$$
$$s.t. \sum_{k=1}^{K} \sum_{j=1}^{M_K} q_{kj} + q_0 = 1$$

（式 2-69）

其中，$\Gamma_k(\bar{q}) = R_k(\bar{q}) - C_k(\bar{q}) = \sum_{j=1}^{M_K} p_{kj}(\bar{q}) q_{kj} - \sum_{j=1}^{M_K} c_{kj} q_{kj}$。

类似于 1. 节，因为 $C_k(\bar{q})$ 关于 $\bar{q}$ 是线性的，为了证明利润函数 $\Gamma_k(\bar{q})$ 是凹函数，仅需证明收益函数 $R(\bar{q})$ 是凹函数。收益函数 $R(\bar{q})$ 被表示为：

$$R_k(\bar{q}) = \sum_{j=1}^{M_k} p_{kj}(\bar{q}) q_{kj}$$
$$= \sum_{j=1}^{M_k} \left[\frac{a_{kj} - v_0}{b_{kj}} q_{kj} + \frac{(2q_0 - 1)\sigma_0}{2b_{kj}} q_{kj}(q_0 - q_0^2)^{-\frac{1}{2}} - \frac{q_{kj}(2q_{kj} - 1)\sigma_{kj}}{2b_{kj}}(q_{kj} - q_{kj}^2)^{-\frac{1}{2}} \right]$$

（式 2-70）

（二）Cournot 竞争

在 Cournot 竞争（即数量竞争）中，公司之间通过产品的数量进行竞争。每个公司决定产品的生产数量，均衡价格通过逆需求函数获得。假设每个公司仅开发一个新产品，目标是利润最大化。令 q_k 表示公司 k 中产品的市场份额，p_k 表示公司 k 中产品的价格。市场份额向量 $q = (q_0, q_1, q_2, \cdots, q_x)$，与（二）节基于 MDM 利润函数的凹性节中是一致的。利润函数被定义为：

$$\Gamma_k(q) = R_k(q) - C_k(q) \qquad （式2-71）$$

其中，$R_k(q) = p_k(q) \cdot q_k$，$C_k(q) = c_k q_k$。公司 k 通过优化市场份额 q 的策略获得最优利润。

根据式（2-71），价格 p_k 关于市场份额 q_k 的映射为：

$$\begin{aligned}p_k(q) &= \frac{1}{b_k}\left[a_k - v_0 + \frac{(2q_0-1)\sigma_0}{2}(q_0 - q_0^2)^{-\frac{1}{2}} - \frac{(2q_k-1)\sigma_k}{2}(q_k - q_k^2)^{-\frac{1}{2}}\right]\\ &= \frac{a_k - v_0}{b_k} + \frac{\sigma_0}{2b_k}\left(1 - 2\sum_{k=1}^{K}q_k\right)\left[\sum_{k=1}^{K}q_k - \left(\sum_{k=1}^{K}q_k\right)^2\right]^{-\frac{1}{2}} - \\ &\quad \frac{\sigma_k}{2b_k}(2q_k-1)(q_k - q_k^2)^{-\frac{1}{2}}\end{aligned} \qquad （式2-72）$$

因为上一小节已经证明利润函数和收益函数关于市场份额都是凹函数，为了获得最优市场份额和最优价格以获得最大利润，可以对利润函数进行求导。因为：

$$\frac{\partial R_k(q)}{\partial q_k} = p_k(q) + \frac{\partial p_k(q)}{\partial q_k}q_k, \frac{\partial C_k(q)}{\partial q_k} = c_k \qquad （式2-73）$$

把式（2-7）代入 $\frac{\partial \Gamma_k(q)}{\partial q_k} = \frac{\partial R_k(q)}{\partial q_k} - \frac{\partial C_k(q)}{\partial q_k} = 0$ 后，可以获得最优解。

（三）Bertrand 竞争

在 Bertrand 竞争（价格竞争）中，公司之间通过价格竞争获得最大利润。每个公司决定自己产品的价格，均衡数量通过价格函数获得。不失一般性，假设每个公司仅开发一个新产品，用 p_a 表示属于公司 k 中产品的价格，价格向量 $p = (p_1, p_2, \cdots, p_{J_n})$，与（二）节基于 MDM 利润函数的凹性这一节是一致的。利润函数被定义为：

33

$$\Gamma_k(q) = R_k(q) - C_k(q) \qquad (\text{式 2-74})$$

其中，$R_k(p) = p_k \cdot q_k(p)$，$C_k(p) = c_k \cdot q_k(p)$。为了最大化利润，公司 k 决定价格 p_k。

根据式（2-74），市场份额关于价格的映射被描述为：

$$q_k(p) = \frac{1}{2}\left(1 + \frac{a_k - b_k p_k - \lambda}{\sqrt{(a_k - b_k p_k - \lambda)^2 + \sigma_k^2}}\right) \qquad (\text{式 2-75})$$

在寡头竞争下，最优解能通过求式（2-75）的导数获得。因为：

$$\Gamma_k(p) = R_k(p) - C_k(p) = (p_k - c_k)q_k(p) \qquad (\text{式 2-76})$$

且

$$\frac{\partial \Gamma_k(p)}{\partial p_k} = q_k(p) + (p_k - c_k)\frac{\partial q_k(p)}{\partial p_k} = 0 \qquad (\text{式 2-77})$$

式（2-77）的解就是最优解。

在 Bertrand 竞争中，新产品和竞争产品的属性可能会影响均衡状态，包括产品质量、开发成本、价格敏感性参数、效用的方差和竞争产品的确定性效用。产品线设计的最优决策可能影响后续决策，如供应商选择、供应链配置和生产过程的选择等。下面的命题展示了最优解随着产品属性的变化而变化的趋势。

在 Cournot 竞争下，价格关于价格敏感性系数变化的证明也与垄断情况是类似的。

在垄断或寡头竞争的市场中，公司可以通过提高产品质量来实现利润或市场份额的最大化。在制定决策之前，了解顾客的价格敏感性也很重要。如果顾客的价格敏感性较低，公司可以通过提高价格来获得最大利润；相反，价格应该降低。通过下面的实验，可以进一步观察最优解随着各个参数的变化而变化的情况。

四、数值实验和分析

本节首先通过数值实验对几个常用的选择模型和 MMM 模型进行对比，然后在垄断市场和寡头市场下，比较基于 MMM 和 MNL 模型的产品线模型的最优利润、价格和市场份额，进一步探索了 MMM 模型的适用性。

（一）选择概率的比较

首先，通过一个简单的算例对几个常用的选择模型进行比较，包括 MNL 模型、MNP 模型和 MMM 模型。使用 MNP 模型时，选择概率是通过频率仿真方法进行模拟的。假设一家公司开发 7 个新产品。第一个例子假设每个产品的效用方差相同，都是 1，而均值为 $v_1 = 1$，$v_2 = 1.2$，$v_3 = 1.4$，$v_4 = 1.6$，$v_5 = 1.8$，$v_6 = 2$，$v_7 = 2.2$。图 2-5（a）给出了基于三个选择模型得到的选择概率。通过图 2-5（a）发现，虽然这些结果是在不同的假设条件下获得的，但是都非常相似，MNL 模型和 MMM 模型的结果更加相近。第二个例子预测带有不同效用方差的选择概率，效用均值和第一个例子相同，但是方差被设置为 $\sigma_1^2 = 0.1$，$\sigma_2^2 = 0.2$，$\sigma_3^2 = 0.5$，$\sigma_4^2 = 0.8$，$\sigma_5^2 = 1$，$\sigma_6^2 = 2$，$\sigma_7^2 = 3$。图 2-5（b）给出了带有不同效用方差的选择概率。这些结果也是非常相似的，MNP 模型和 MMM 模型的结果更加接近。

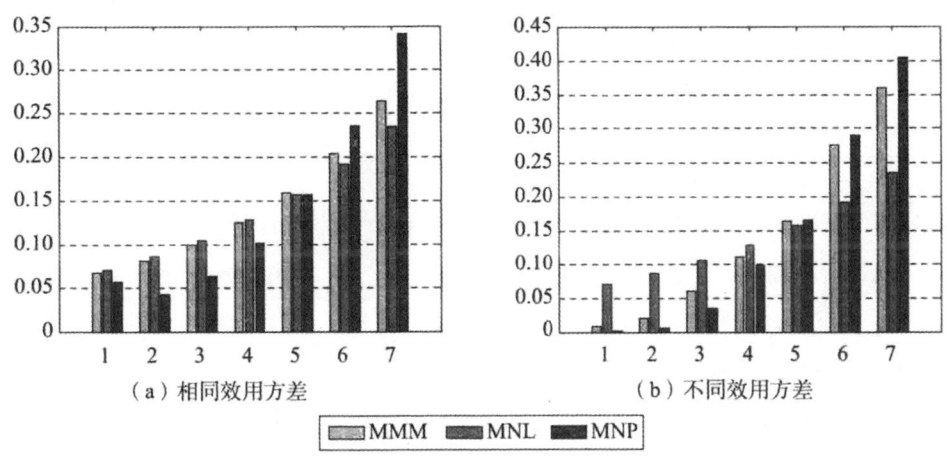

图 2-5 选择模型的比较

MMM 模型的结果与 MNL 模型或 MNP 模型是非常相似的。但是，MNL 模型假设随机误差项服从 Gumbel 分布，MNP 模型假设误差项服从正态分布，而 MMM 模型不需要关于分布函数的假设，所以它的使用是更加灵活的。另外，当解决带有大量产品的问题时，MNP 模型需要大量的仿真计算产品的选择概率，而 MMM 模型不需要大量的仿真模拟就可以解决带有大量产品的问题。

然后，通过一个实证分析对 MNL 模型、NL 模型和 MMM 模型进行对比，进一步研究 MMM 模型的有效性和适用性。

1. 数据收集

本研究的数据来自一个大中型超市 30 天内纯牛奶的销量。由于牛奶的品牌较多，为便于分析比较，只选择其中一些具有代表性的品牌，具体见表 2-3。研究过程中假设这 16 个品牌是超市供应的所有的纯牛奶品牌，并假设一个顾客在一次消费中只购买一种商品。另外，牛奶的包装含量各不相同，本书在研究价格时以每 100mL 为单位计算。

表 2-3 各品牌牛奶的购买频率、价格、促销及营养信息

编号	品牌	购买频率	实际价格（元/100mL）	打折促销	人员促销	礼品促销	营养价值
1	三剑客鲜牛奶	0.110	0.74	0	0	1	1
2	新西兰安佳全脂牛奶	0.030	1.70	0	0	0	1
3	澳大利亚兰诺斯纯牛奶	0.029	0.88	0	1	1	0
4	辉山牧场纯牛奶	0.066	0.66	0	0	1	0
5	德国进口欧德堡脱脂牛奶	0.019	2.02	0	0	0	1
6	蒙牛特仑苏纯牛奶	0.087	1.64	1	1	1	1
7	雀巢全脂牛奶	0.056	0.94	0	0	0	1
8	完达山纯牛奶	0.083	0.86	1	0	0	0
9	花花牛纯牛奶	0.208	0.92	1	1	1	0
10	晨光纯牛奶	0.021	0.90	0	0	1	0
11	君乐宝全脂牛奶	0.046	0.76	0	0	0	0
12	圣牧全程有机纯牛奶	0.048	1.50	0	1	1	0

续表

编号	品牌	购买频率	实际价格（元/100mL）	打折促销	人员促销	礼品促销	营养价值
13	光明纯牛奶	0.038	0.78	0	1	1	0
14	伊利金典纯牛奶	0.083	1.76	1	1	1	0
15	现代牧业纯牛奶	0.058	0.94	0	1	1	0
16	三元百利包纯牛奶	0.018	0.86	0	0	1	0

2. 影响因素

在观察期内，发现影响顾客购买牛奶的因素有很多。这里忽略对顾客购买行为影响较小的因素，其他主要因素如下。

（1）品牌因素

现在市场中牛奶的品牌有很多，本书列举的就有16种品牌。在顾客购买牛奶时，品牌因素有相当大的影响。有一些是顾客一直热衷的品牌，有一些是受广告影响或其他人推荐的商品，品牌对顾客购买的影响力不可小觑。

（2）价格因素

价格也是影响顾客购买某一种商品比较重要的因素之一。不同品牌牛奶的价格差异很大，不同的顾客要综合自己的购买能力来确定最终所购买的商品。本书所指的价格是指顾客实际购买的价格，包括促销打折之后的价格。

（3）促销因素

现在市场上几乎所有的商品都采用不同程度的促销手段来吸引顾客，如广告促销、人员促销、礼品促销、打折促销等，顾客在购买商品的过程中，也会受到各种促销手段的影响。在这里综合几个对顾客购买行为影响较大的促销手段来进行研究，包括打折促销、人员促销、礼品促销。

（4）营养价值

顾客在购买各种牛奶的过程中，还会考虑到营养价值因素。例如，有的人热衷于全脂牛奶，有的人倾向于脱脂牛奶，有的人喜欢高钙牛奶，等等。因此，顾客会依据自己对牛奶营养价值的偏好而选择牛奶的种类。

3. 模型编码

这里采用16个品牌的牛奶进行分析,计算价格时采用销售给顾客的最终价格,即实际价格。由于不同品牌的牛奶包装含量不相同,即使同一品牌也生产不同规格的牛奶,如180mL、200mL、250mL、1L等,所以本书价格是以每100mL为单位计算比较的。对于促销的影响,本书采用二进制变量表示,例如,某品牌采取打折促销方式,则编码为1,否则为0,人员促销和礼品促销也同样采用0~1变量表示。对于营养价值也同促销方式一样采用二进制变量表示,如果某品牌含有特殊的营养成分(如全脂、高钙等),则为1,否则为0。

4. 模型拟合求值

决策者 i 选定选项 j($j \in C_n$)所得效用 u_{ij} 为 $u_{ij} = v_{ij} + \varepsilon_{ij}$,其中,确定性效用通过影响顾客购买行为的价格(price)、打折促销(discountpro)、人员促销(staffpro)、礼品促销(giftpro)、营养价值因素(nutrition)的线性函数表示:

$$v_{ij} = a \times \text{price}_{ij} + b \times \text{discountpro}_{ij} + c \times \text{staffpro}_{ij} + d \times \text{giftpro}_{ij} + e \times \text{nutrition}_{ij}$$

(2-78)

需要估计的参数有 a、b、c、d、e 共5个。这里用多元非线性回归对参数进行估计,用 Matlab 编程实现,所得结果如表2-4所示。为便于计算,这里只选用 MMM 模型与 MNL 模型、NL 模型进行比较分析。

利用 MNL 模型计算时,直接把式(2-78)代入计算即可。对于 NL 模型,把16个选择集合根据价格,以 1元/100mL 和 2元/100mL 为界限分成3个巢,即 $C_1 = [1, 3, 4, 7, 8, 9, 10, 11, 13, 15, 16]$,$C_2 = [2, 6, 12, 14]$,$C_3 = [5]$,然后进行计算。对于 MMM 模型,分两种情况进行分析。首先假设每个效用都有相同的方差,即 σ_j 均为 $\pi^2/6$,均值为 v_j($j = 1, 2, \cdots, 16$)。然后设置均值仍为 v_j,但产品的方差不同,对于 $j = 1, 2, \cdots, 8$,令方差 $\sigma_j = \pi^2/6$;对于 $j = 9, 10, \cdots, 16$,令方差为一个未知的变量系数进行求解,结果见表2-4

和表 2-5。在非线性回归拟合过程中，不同的模型、不同的初值会导致系数上有些许不同，但计算结果表明，这并不影响模型的最终结论，从表 2-5 可以看到，拟合求得的模型残差、购买频率、效用值差别很小。

表 2-4　模型参数结果比较

参数	MNL	NL	MMM（相同方差）	MMM（不同方差）
a	−1.0485	−0.9969	−1.2492	−0.8516
b	1.5319	1.4588	2.0294	1.3834
c	0.2998	0.2823	0.2591	0.1766
d	0.6403	0.6103	0.8585	0.5852
e	1.0393	0.9889	1.3760	0.9380
λ			2.9214	1.9915
σ_1^2			1.6449	1.6449
σ_2^2			1.6449	0.7644
μ_1		1.0641		
μ_2		1.0457		
μ_3		1.0000		
μ		1.0327		

5. 结果分析

从表 2-4 可知，模型中价格系数为负，这与通常理解是一致的：价格越高，给顾客带来的效用就越小。从顾客自身考虑，在保证商品品质前提下，顾客肯定更加偏好价格低的产品。而其他系数都为正：从促销角度考虑，不同形式、不同程度的促销都会刺激顾客的购买欲望，也会给顾客带来一定程度的正效用。在所考虑的三种促销形式中，打折促销的系数最大，可见打折促销对顾客购买偏好的影响较大，顾客还是更青睐价格上的优惠。其次，相对人员促销，礼品促销系数更大，更能影响顾客的购买活动。可见顾客更加喜欢较实际的优惠，如价格、礼品等。从系数上看，营养价值也是影响顾客购买欲望较重要的因素，而且起到正效用。

在表 2-5 中，估计购买频率为模型拟合求得的估计频率，其值越接近实际观察值，说明结果越好。残差是指实际观察值与估计值（拟合值）之间的差，残差绝对值越小，说明拟合值越接近实际观察值，建立的模型及采用的求解方法越好。效用值为每个产品对顾客产生的不同价值。

从残差可以发现，MMM 模型的结果明显优于 MNL、NL 模型，NL 模型结果总体也优于 MNL 模型。说明 MMM 模型的购买概率估计值更贴近于实际购买概率，NL 模型次之。而 MMM 模型的两种设计中，对于残差和购买概率的估计结果一致，但是与雅可比矩阵不同，不同方差下的拟合值优于相同方差下的拟合值，可见两种模型效果也是不同的。为了便于研究，在 MMM 方差不同的模型设计中，只估计了一个方差，当方差设计多样化时，同样可以得到，不同方差的 MMM 模型要比相同方差的结果更优。

从效用值可见，三剑客鲜牛奶和花花牛纯牛奶的效用值最高，可见对消费者来说，由于受到地理优势的影响，本地品牌的牛奶更受消费者青睐。由于受到大品牌的影响，蒙牛特仑苏纯牛奶、完达山纯牛奶和伊利金典纯牛奶对顾客的效用值也较大，可见品牌效用对顾客的偏好影响也很大。而新西兰安佳全脂牛奶、德国进口欧德堡脱脂牛奶、晨光纯牛奶、三元百利包纯牛奶等，由于品牌知名度不高，或者进口品牌价格较高，效用值为负。通过研究发现，品牌、价格、促销等是影响顾客购买行为较重要的几个因素，并且在诸多促销形式中，打折促销对顾客影响最大，礼品促销次之，这也为营销者设计营销方案提供了一定的理论帮助。

表 2-5　不同模型估计值

模型	三剑客	安佳	兰诺斯	辉山	欧德堡	蒙牛	雀巢	完达山
				残差				
MNL	-0.0017	0.0085	-0.0171	0.0230	0.0036	-0.0091	0.0082	-0.0020
NL	-0.0007	0.0091	-0.0160	0.0239	0.0041	-0.0079	0.0092	-0.0010
MMM1	0.0012	0.0020	-0.0136	0.0230	-0.0041	-0.0040	0.0082	0.0018
MMM2	0.0012	0.0020	-0.0136	0.0230	-0.0041	-0.0040	0.0082	0.0018
				估计购买频率				
MNL	0.1117	0.0215	0.0461	0.0430	0.0154	0.0961	0.0478	0.0850
NL	0.1107	0.0209	0.0450	0.0421	0.0149	0.0949	0.0468	0.0840
MMM1	0.1088	0.0280	0.0426	0.0431	0.0231	0.0911	0.0478	0.0812
MMM2	0.1088	0.0280	0.0426	0.0430	0.0231	0.0910	0.0478	0.0812
				效用值				
MNL	0.9037	-0.7431	0.0174	-0.0517	-1.0787	0.7525	0.0537	0.6302
NL	0.8615	-0.7058	0.0153	-0.0477	-1.0248	0.7165	0.0518	0.6015
MMM1	1.3101	-0.7476	0.0183	0.0340	-1.1474	1.0983	0.2018	0.9551
MMM2	0.8930	-0.5097	0.0124	0.0231	-0.7822	0.7486	0.1375	0.6510
模型	花花牛	晨光	君乐宝	圣牧	光明	伊利	现代牧业	三元

续表

模型	三剑客	安佳	兰诺斯	辉山	欧德堡	蒙牛	雀巢	完达山
				残差				
MNL	0.0036	−0.0124	−0.0117	0.0240	−0.0132	−0.0017	0.0147	−0.0169
NL	0.0043	−0.0116	−0.0106	0.0247	−0.0120	−0.0006	0.0158	−0.0160
MMM1	0.0002	−0.0151	−0.0093	0.0201	−0.0080	0.0022	0.0172	−0.0192
MMM2	0.0002	−0.0151	−0.0093	0.0201	−0.0080	0.0022	0.0172	−0.0192
				估计购买频率				
MNL	0.2044	0.0334	0.0577	0.0240	0.0512	0.0847	0.0433	0.0349
NL	0.2037	0.0326	0.0566	0.0233	0.0500	0.0836	0.0422	0.0340
MMM1	0.2078	0.0361	0.0553	0.0279	0.0460	0.0808	0.0408	0.0372
MMM2	0.2078	0.0361	0.0553	0.0279	0.0460	0.0808	0.0408	0.0372
				效用值				
MNL	1.5074	−0.3034	0.2424	−0.6327	0.1223	0.6266	−0.0455	−0.2614
NL	1.4343	−0.2869	0.2313	−0.6028	0.1150	0.5969	−0.0445	−0.2470
MMM1	1.9977	−0.2658	0.4266	−0.7562	0.1432	0.9484	−0.0566	−0.2158
MMM2	1.3617	−0.1812	0.2908	−0.5156	0.0976	0.6464	−0.0387	−0.1472

概率型选择模型是顾客行为研究的重要理论基础。针对顾客选择行为中的 MMM 模型,通过实证研究,将传统的 MNL 模型和 NL 模型与 MMM 模型进行对比。结果表明,虽然 MNL 模型公式形式简洁,长期以来一直被普遍采用,但是它要求扰动项是独立分布的,这个假设有时并不满足。NL 模型是对 MNL 模型的改进,假设条件不像 MNL 模型那么严格,结果也比 MNL 模型要好,近年来也被广泛应用,但是它要求误差项服从正态分布。而新提出的 MMM 模型,只需知道效用误差项的均值和方差,即可求出概率,结果更贴合于实际。因此,MMM 模型在顾客行为选择的研究中,将具有更大的应用空间和优势。

(二) 不同参数对最优解的影响分析

公司计划开发一些新产品,在利润最大化的目标下,公司需要决定产品的最优价格和市场份额。本节中对基于 MMM 模型的产品线优化结果与 Li 和 Huh 中基于 MNL 模型的结果进行比较。为了便于分析,假设一个垄断公司开发两个新产品,且市场中有两个寡头公司,每家公司仅开发一个新产品。然后分析最优利润、价格和市场份额随着质量、价格敏感系数和效用误差项方差的变化而变化的情况,并比较垄断和寡头市场下的最优解。

1. 质量水平对最优解的影响

在 Li 和 Huh 中,模型参数包括 M,$M_k(k=1,2)$,$\tau_k(k=1,2)$,$b_k(k=1,2)$,$c_k(k=1,2)$ 和 $a_k(k=1,2)$。其中,M 表示市场中产品的总数目,M_k 表示属于公司 k 的产品的数量,$\tau_k \in [0,1]$ 表示公司 k 中产品的差异化程度,其他参数与本章是一致的。

这里像 Li 和 Huh 一样假设总共有两个产品被开发,每个寡头公司开发一个新产品,则 $M=J=2$,$M_1=M_2=1$,$\tau_1=\tau_2=1$。类似地,假设 $b_1>b_2$,且 $b_1=3$,$b_2=2$;所有成本都为 0,即 $c_1=c_2=0$,因此收益和利润是相同的。为简单起见,其他参数的范围被设置为 $\sigma_1=0.5$,$\sigma_2=1.5$,$b_0=1$,$v_0=1$,$\sigma_0=1$。为便于分析,令 $a_1=a_2=a$。产品的最优利润、最优价格和最优市场份额随着质量水平的变化而变化的情况如图 2-6 至图 2-8 所示。

从图 2-6 观察到，无论基于 MMM 的产品线模型中的质量怎样改变，垄断定价都高于 Cournot 竞争定价，Cournot 竞争定价高于 Bertrand 竞争定价，这与基于 MNL 模型的对应结论是一致的。从图 2-6 也可以观察到，无论在垄断市场、Cournot 竞争还是 Bertrand 竞争中，随着产品质量的增加，基于 MMM 模型的产品线中的价格都是先下降后逐渐增大的。这个现象被解释为：顾客对产品的质量有一个心理预期值。当质量低于这个预期值时，即使质量被改进，购买这个产品的概率仍是相当低的。这时，增加价格对整体利润的贡献小于降低价格（导致购买概率和市场份额增加）对整体利润的贡献。因此，公司倾向于降低价格以获得更多利润。当产品的质量高于心理预期值时，顾客对这个产品是满意的。质量越好，顾客越喜欢这个产品，因此公司可以增加价格以获得更高利润。

如图 2-8 所示，基于 MMM 模型和 MNL 模型的产品线模型中，总的市场份额随着质量的增加而变大。因此，公司可以通过改进产品质量增加市场份额。在 Bertrand 竞争下，当质量相当高时，市场份额仅保持缓慢的增长。垄断市场有最低的总市场份额，其次是 Cournot 竞争，Bertrand 竞争有最高的总市场份额，这表明竞争增加了产品的总市场份额。但是对个体产品而言，市场份额不一定遵循这一规则。例如，对于图 2-7（a）的产品 1，当质量是 10 时，Cournot 竞争下的市场份额低于垄断的市场份额，这表明竞争不一定增加个体产品的市场份额。

图 2-8 描述了基于 MNL 模型和 MMM 模型产品线的最优利润随着质量水平的变化而变化的曲线。垄断公司有最高的总利润，其次是 Cournot 竞争，Bertrand 竞争有最低的总利润。如图 2-8 所示，随着质量的增加，利润逐渐增大。但是随着质量的不断改进，Bertrand 竞争的利润不总是持续增加的，质量达到一定值后，利润保持在一个稳定的水平，这也表明价格竞争是更加激烈的竞争，公司为了获得最大利润应该尽量避免 Bertrand 竞争。

第二章 基于顾客选择行为的产品线定价策略

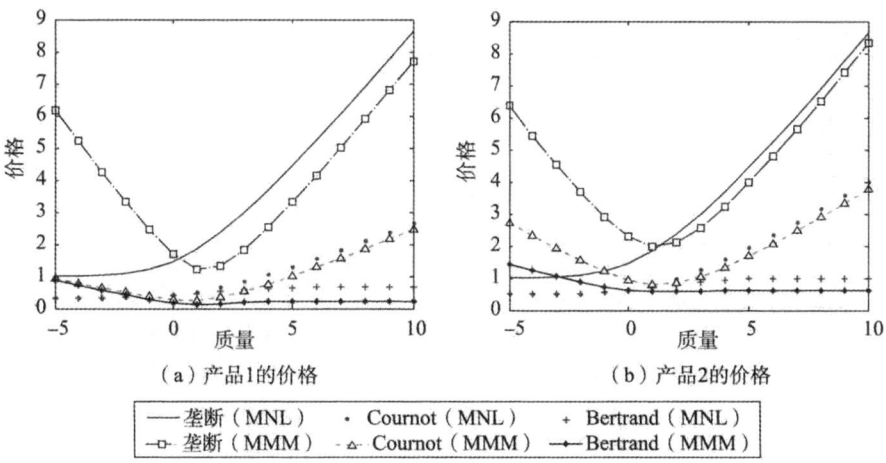

图 2-6 最优价格随着质量变化而变化的情况

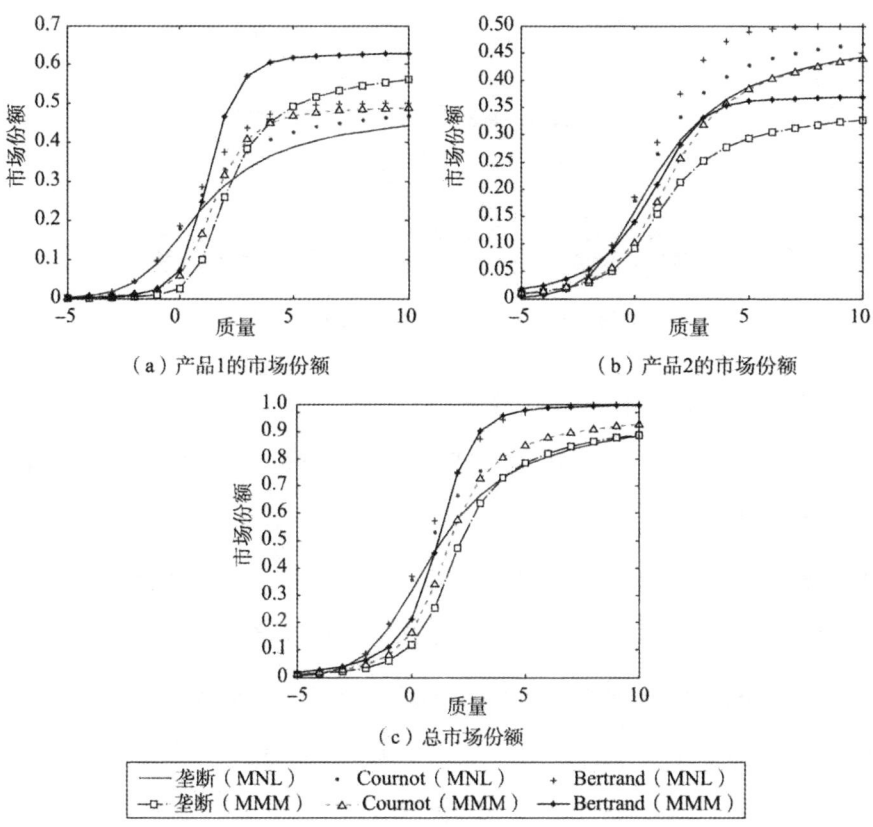

图 2-7 最优市场份额随着质量变化而变化的情况

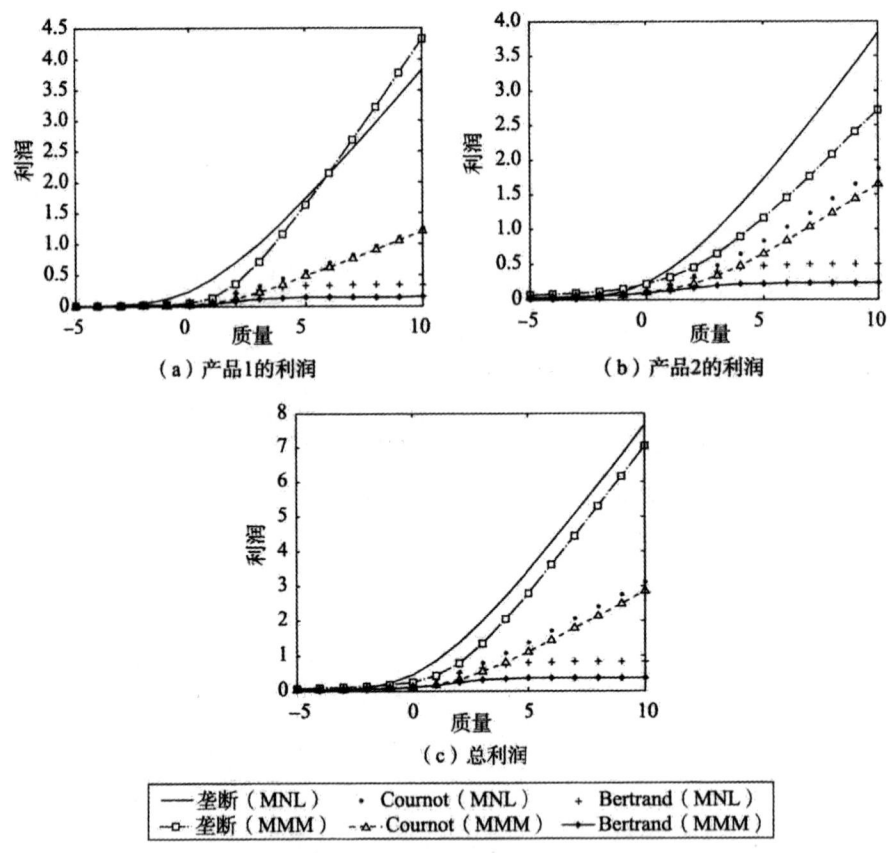

图 2-8 最优利润随着质量变化而变化的情况

2. 价格敏感系数对最优解的影响

本部分进一步探索不同的价格敏感系数对于利润、价格和市场份额的影响。实验的参数分别定义为 $M=2$,$M_1=M_2=1$,$\tau_1=\tau_2=1$,$a_1=1$,$a_2=2$,$\sigma_1=0.5$,$\sigma_2=1.5$,$v_0=1$,$\sigma_0=1$,$c_1=c_2=0.1$。为了比较不同价格敏感系数对最优解的影响,假设垄断市场和寡头市场下的价格敏感系数都是相同的,即 $b_0=b_1=b_2=b$。图 2-9 至图 2-11 分别描述了垄断和寡头市场下基于 MNL 模型和 MMM 的产品线模型中最优价格、市场份额和利润的变化曲线。

第二章 基于顾客选择行为的产品线定价策略

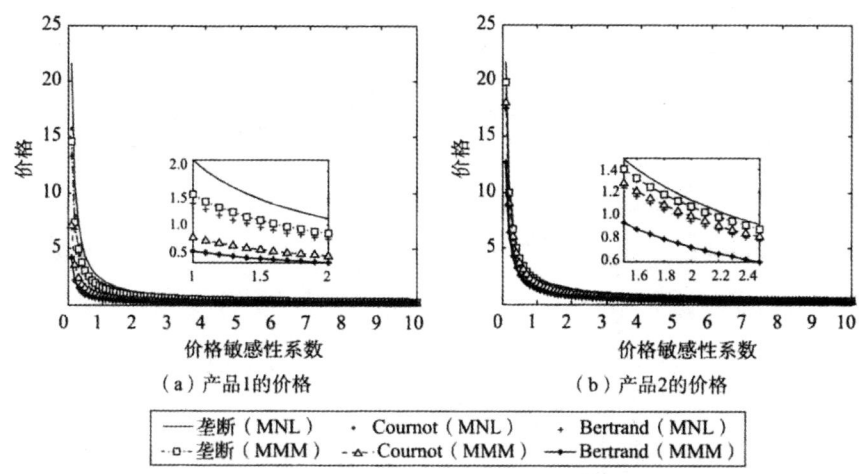

图 2-9 最优价格随着价格敏感系数变化而变化的情况

图 2-9 描述了垄断市场、Cournot 竞争和 Bertrand 竞争下，基于 MNL 模型和 MMM 的产品线模型的最优价格随着价格敏感系数的变化而变化趋势。随着价格敏感系数变大，最优价格曲线显示了一个下降的趋势。当价格敏感系数非常大时，价格是非常低的。如果顾客对价格的改变不敏感，公司能通过提高价格增加收入。相反，如果顾客对价格是敏感的，同时公司又提高了价格，顾客购买这个产品的意愿将会降低。因此，当价格敏感系数较大时，公司应该降低价格以获得最优利润。另外，垄断公司有最高的价格，然后是 Cournot 竞争，Bertrand 竞争有最低的价格。

随着价格敏感系数变大，市场份额逐渐减少。这个结论可以通过图 2-10 的曲线观察到。当 b 较小时，顾客对价格的改变不太敏感，他们可能会购买更多的产品。如前所述，竞争增加了总的市场份额，但是个体产品的市场份额不一定增加。如图 2-10（a）所示，当价格敏感系数较小时，在 Bertrand 竞争下产品 1 的市场份额高于在 Cournot 竞争下产品 1 的市场份额；但是随着 b 变大，在 Cournot 竞争下产品 1 的市场份额高于在 Bertrand 竞争下产品 1 的市场份额。这表明随着价格敏感系数的变化，市场份额也是变化的，这与顾客的效用相关。换句话说，产品的市场份额不仅与价格敏感系数有关，而且与产品的质量、价格和其他因素有关。

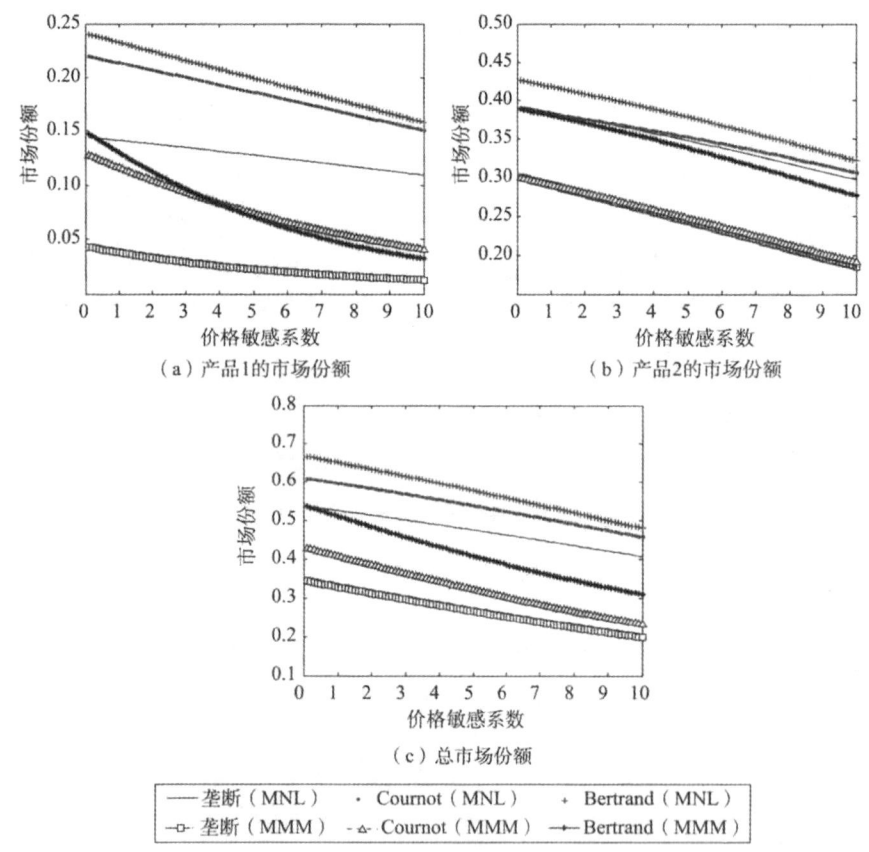

图 2-10 市场份额随着价格敏感系数变化而变化的情况

图 2-11 显示了利润随着价格敏感系数的变化而变化的曲线。价格敏感系数越小,产品的利润越大。随着价格敏感系数变大,利润逐渐减小,最后几乎为 0,这表明顾客对价格越敏感,公司获得的利润越小。如果公司希望通过提高价格增加收益,首先,应该预测顾客对价格的敏感性,其次,在价格和顾客敏感性之间做一个权衡,最后,再做决定。如图 2-11(c)所示,当价格敏感系数 b 较小时,垄断市场的总利润最大,Cournot 竞争下的总利润其次,Bertrand 竞争下的总利润最小;当 b 较大时,例如 b = 9,Bertrand 竞争下的总利润最大,Cournot 竞争下的总利润其次,垄断市场的利润最小。如果公司适当地降低价格,顾客的购买意愿可能增加,利润也将增加。在 Bertrand 竞争下,公司直接通过调整价格获得最

优利润。在 Cournot 竞争下，公司通过改变市场份额增加利润。因为垄断市场缺少竞争，价格调整的影响是不明显的。

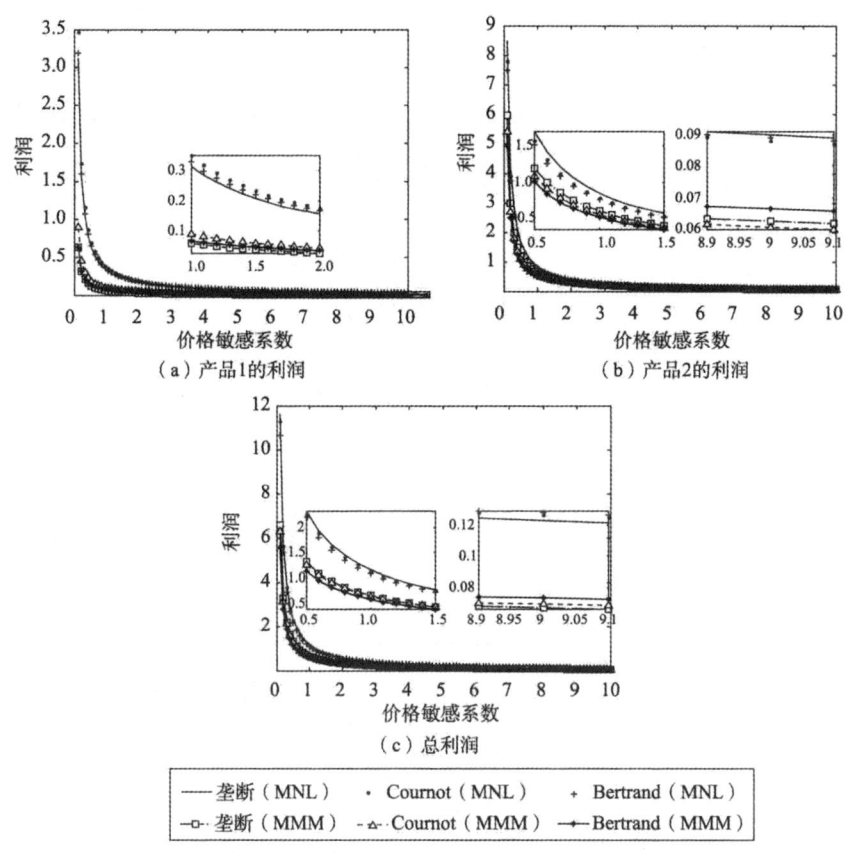

图 2-11 利润随着价格敏感系数变化而变化的情况

3. 效用方差对最优解的影响

本部分用蒙特卡洛方法创建样本，并分析随着效用方差的改变，最优价格、市场份额和利润的变化趋势。在实验中，随机选择十组参数，包括 a_1，a_2，b_1，b_2，c_1，c_2，v_0，b。这些系数被均匀地随机产生，即 a_1，$a_2 \in [-5, 10]$，b_1，b_2，$b \in [0.1, 10]$，c_1，$c_2 \in [0.1, 5]$，$v_0 \in [0.1, 2]$。为了比较不同方差对于结果的影响，假设垄断市场和寡头市场下的方差是相同的，即 $\sigma_o = \sigma = \sigma = \sigma$。图 2-12 和图 2-13 描述了垄断市场、Cournot 竞争和 Ber-trand 竞争下最优价格、市场份额和利润随着效用方差的变化而变化的趋势。

图 2-12 显示了产品的最优价格、市场份额和利润随着方差的变化而变化的曲线。如图 2-12（a）所示，在不同的方差下，垄断价格是最高的，Bertrand 竞争的价格最低。当方差增大时，产品 1 或者产品 2 的最优价格先下降一点然后持续上升。值得注意的是，较大的效用方差导致了更高的最优价格。例如，当方差等于 5 时的最优价格大约是没有方差时的两倍。

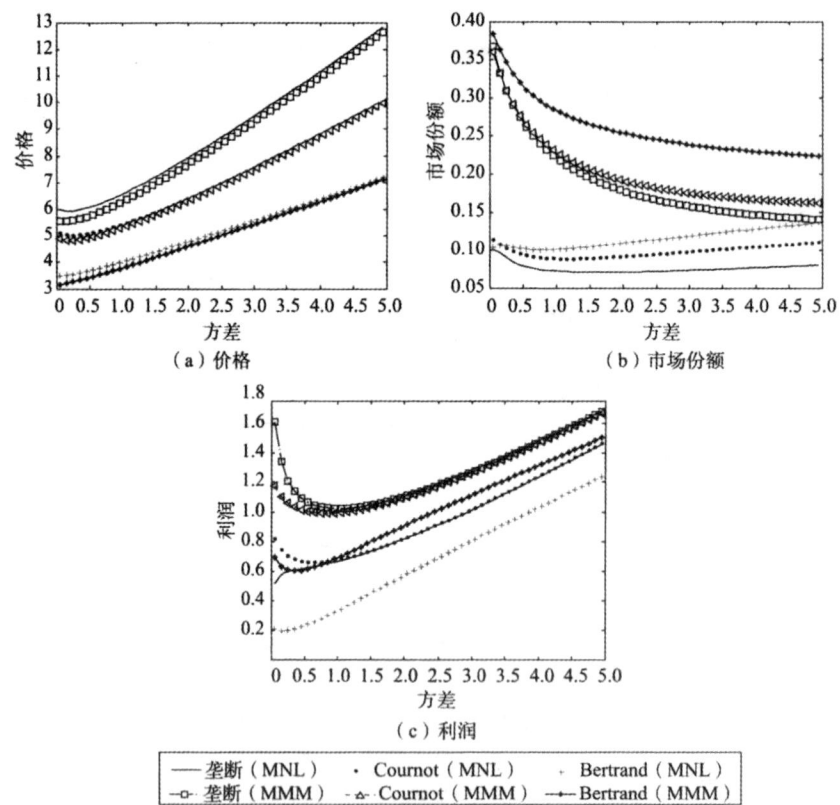

图 2-12　产品的最优价格、市场份额和利润随着方差的变化而变化的情况

当方差等于 0 时，顾客的效用估计是准确的。根据当前的最优产品价格，估计购买该产品的顾客群体也是准确的。当对顾客效用的估计有一点偏差时，公司应该采取降价策略，以确保之前估计的顾客群体仍然存在。当方差大于某一值时，

随着方差的增加（估计越来越不准确），具有有限理性的公司可能不会为了保持市场份额而不断采取降价策略。这时，部分顾客的估计效用高于其实际效用值，而另一部分顾客的估计效用低于其实际效用值。假设两部分顾客是等可能的，从利润的角度来看，高价策略的利润一定不低于低价策略，所以公司应该选择高价策略。因此，价格随方差的增加而增加。

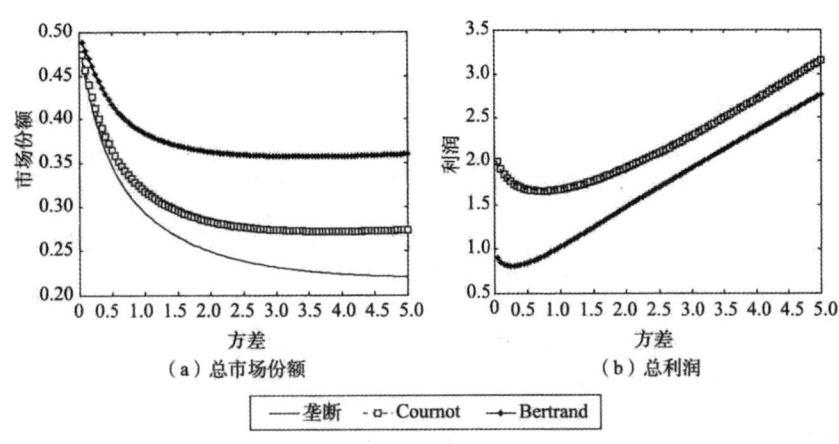

图 2-13 总市场份额和总利润随着方差的变化而变化的情况

图 2-12（b）和图 2-13（a）显示了个体产品的市场份额和总市场份额的变化情况。垄断市场的总市场份额最低，而 Bertrand 竞争的总市场份额最高，这表明竞争增加了总的市场份额。但是，个体产品的市场份额显示了不同的变化趋势：产品 1 的市场份额增加而产品 2 的市场份额逐渐减小。这可以通过关于市场份额的方程解释：当 $(a_k - V_0)/b_k - c_k > 0$ 时，市场份额随着方差的增加而减少；当 $(a_k - V_0)/b_k - c_k < 0$ 时，市场份额随着方差的增加而增加。市场份额的改变和许多因素有关，包括产品的质量、成本、竞争产品的效用、价格敏感系数、价格等。

图 2-12（c）和图 2-13（b）给出了总利润随着效用方差的变化而变化的情况。在不同方差下，垄断市场的总利润最高，Bertrand 竞争的总利润最低。当效用方

差增大时，两个产品的总利润先下降一点，然后持续增加。这可以通过需求弹性来解释，需求弹性是指在一定时期内商品需求量的相对变动对于该商品价格的相对变动的反应程度。随着方差的增加，图2-12（a）所示的价格总体趋势是增加的，而图2-13（a）所示的总市场份额是逐渐下降的。当方差从0开始增加时，价格缓慢增长，而总市场份额显著下降，因此需求弹性较大。随着价格的上涨，总利润逐渐减少。当方差较大时，价格显著上升，而总市场份额缓慢下降，所以需求弹性较小，总利润逐渐增加。

（三）管理启示

本研究的管理启示适用于垄断或寡头公司。该研究可以为计划开发新产品以实现利润最大化的管理者和实践者提供指导，并帮助他们作出定价决策。

在新产品开发和生产制造的早期阶段，产品线设计是公司必须解决的关键问题。成功的产品线能满足不同的顾客需求、缩短生产周期、降低制造成本，从而获得可观的市场份额，增加公司的利润。在产品线设计决策过程中，需要考虑后续生产阶段的各种因素，如生产成本的估算、生产方式的选择、生产设备的采购、供应链的配置等。产品线设计与生产过程密切相关，对生产研究有较大影响。

首先，垄断或寡头公司要想通过开发新产品实现利润最大化，在决定最优价格或市场份额时应该考虑许多因素，包括产品质量、开发成本、顾客的价格敏感性、效用的估计方差和竞争产品的效用等。公司在决策时，不仅要考虑本公司产品的属性，还要考虑竞争产品的属性。

其次，在垄断或寡头市场下，随着产品质量的改进，产品的市场份额和利润都增加。但是价格呈现不同的趋势：当产品的质量低于顾客的心理预期值时，即使产品质量提高，公司也必须降低最优定价以获得最大利润；当产品的质量高于顾客的心理预期值时，随着产品质量的提高，产品的最优定价也是升高的。因此，改进产品的质量对公司是有利的，但对产品的最优定价还需视情况而定。

再次，公司在做决定之前，应该调查顾客对产品的价格敏感性。如果价格敏感性较低，公司可以通过提高价格来获得更多的市场份额和利润。相反，如果顾客对价格敏感性较高，公司可以通过降低价格来保证市场份额和利润。

最后，公司对顾客效用的估计也影响公司的定价决策。随着公司对顾客效用的估计越来越不准确（即顾客效用的方差越来越大），产品的最优定价和利润都是先下降一点，然后持续上升；产品的总市场份额是持续下降的，但是个体产品的市场份额可能上升，也有可能降低。因此，当公司对顾客效用的估计有非常大的偏差时，公司可以通过提高价格以获得最大利润。但是，如果公司的目标是最大化市场份额，就必须降低最优定价以提高总的市场份额。

五、小结

和传统的概率型选择模型相比，MDM 和 MMM 模型有较弱的假设条件。本章建立了基于 MDM 和 MMM 的产品线定价模型，探索了利润函数的凹性，得出如下结论。

一是在垄断市场中，当价格敏感系数仅与公司有关时，基于 MDM 的产品线定价模型的利润函数关于市场份额是凹函数。另外，基于指数分布、t 分布、广义指数分布、均匀分布、标准正态分布和柯西分布的利润函数在 MDM 模型下都是凹函数。

二是在垄断和寡头市场中，当价格敏感系数仅与公司有关时，基于 MMM 的产品线定价模型的利润函数关于市场份额也是凹函数。由于模型的复杂性，不能直接获得最优价格和最优市场份额，但是得到了求解最优解的隐式方程。

三是通过数值实验，首先验证虽然 MMM 模型、MNL 模型、MNP 模型和 NL 模型的结果是在非常不同的假设条件下得到的，但 MMM 模型获得的选择概率结果与其他模型是非常类似的，甚至是更优的；其次比较了垄断市场、Cournot 竞争和 Bertrand 竞争的结果，分析了产品质量、顾客的价格敏感系数和效用误差项的方差对于公司的利润、市场份额和最优定价的影响。

第三节　考虑网络效应的产品线定价

一、概述

随着互联网经济的快速发展，传统的消费结构已经发生了巨大的变化，研究网络效应对新产品开发和定价的影响成为一个重要的学术问题。当顾客从购买产品中获得的效用取决于相同或类似产品的销售数量时，许多产品都会表现出网络效应或网络外部性。在传统的产品线定价过程中，假设效用只取决于顾客的个人特征。然而，如果一条产品线具有网络效应的特性，企业需要分析顾客的购买行为如何受到其他顾客的影响，并重新评估市场规模。产品价格与效用直接相关，市场规模影响产品线的成本结构，网络效应也影响产品线定价和质量设计的过程。对于这些开发具有网络效应的新产品的企业来说，一个重要的挑战是模拟顾客的选择行为，将网络效应融入其中，并利用该模型设计产品线以实现收益最大化。

网络效应通常包括两个方面：正的网络效应和负的网络效应。有很多产品表现出正的网络效应，例如网络游戏、社交软件（QQ、微信、Facebook、微博）、网络电影、团购商品等。购买或使用这些产品的人越多，顾客从购买这些产品中获得的效用就越大。也有一些产品表现出负的网络效应，比如交通模式的选择，或者个性化顾客对于产品的选择。如果某公司生产一系列女包或者服装，当产品线中有更多的人购买相同或类似的产品时，有个性化需求的顾客可能不愿意购买该产品。如果在一个小城市有太多的人买车，导致交通堵塞，拥有一辆车的效用将会下降。如果想买一些奢侈品的顾客认为这些产品被太多的顾客拥有，那么这些商品的价格或吸引力就会下降。选择这些产品或服务的人越多，选择相同或类似产品的顾客获得的效用就越小。

许多公司提供带有网络效应的产品线，从而满足不同顾客的需求，以此获得最大利润。为了设计一条产品线，公司需要考虑许多因素，比如定价决策、产品质量、开发成本、顾客的价格敏感性和网络效应等。

在产品定价问题的研究中，许多学者基于MNL模型研究了正的网络效应对顾客选择行为的影响，发现即使在同质产品的情况下，最优价格也可能不同。但考虑负的网络效应的产品优化问题同样不容忽视，需要进一步解决。在众多的产品线设计优化问题中，许多产品具有负的网络效应，并且IIA特性可能不被满足。在这种情况下，顾客选择行为的模拟和产品定价将成为急需解决的现实问题。网络效应通常内生于顾客选择模型的效用中，并且克服IIA问题的MMM模型能较好地模拟顾客选择行为，因此，带有网络效应的MMM模型能较好地解决产品线定价问题。本节主要研究基于内生负网络效应的MMM模型的顾客选择行为对产品线定价问题的影响。

二、基于网络效应的MMM的产品线定价

假设某公司计划开发 $n(i=1,\cdots,n)$ 个产品以获得最大收益，并假设竞争者在短期内对该公司的新产品不会做出反应。市场有 $m(j=1,\cdots,m)$ 个潜在顾客，如果顾客 j 购买产品 i，这个顾客获得效用 u_{ij}，且

$$u_{ij} = v_{ij} + \varepsilon_{ij} \tag{式2-78}$$

其中，v_{ij} 是观察到的产品和顾客属性的效用的确定性部分，ε_{ij} 是特定顾客特质的一个随机变量。假设随机误差的均值0和方差 σ_{ij}^2 是已知的，即效用 u_{ij} 的均值 v_{ij} 和方差 σ_{ij}^2 已知，则基于MMM产品 i 的选择概率为：

$$q_{ij} = \frac{1}{2}\left(1 + \frac{v_{ij} - \lambda_j}{\sqrt{(v_{ij} - \lambda_j)^2 + \sigma_{ij}^2}}\right) \tag{式2-79}$$

其中，拉格朗日乘子 λ_j 可以通过下面的方程得到：

$$\sum_{i=1}^{n}\frac{1}{2}\left(1+\frac{v_{ij}-\lambda_j}{\sqrt{(v_{ij}-\lambda_j)^2+\sigma_{ij}^2}}\right)=1 \qquad (式2\text{-}80)$$

下面，将网络效应融合到 MMM 模型中，进一步模拟顾客对带有网络效应产品的选择概率。类似于 D_u 等的研究，顾客的效用由产品的质量 y_i、价格 p_i、总的销量 x_i、价格敏感系数 b_{ij}（$b_{ij} \geq 0$）和网络效应参数 a_{ij} 组成：

$$v_{ij}=y_i-b_{ij}p_i+\alpha_{ij}x_i \qquad (式2\text{-}81)$$

其中，参数 a_{ij} 表示顾客 j 的效用被产品 i 的总销量影响的程度。参数 a_{ij} 越大，顾客购买产品的网络效应越敏感，效用 v_{ij} 的网络效应仅取决于产品 i 的总的销量水平。在本章中假设 $\alpha_{ij} \leq 0$，并标准化市场规模为 1（$m=1$）。因此选择概率 q_i 等于产品 i 的总的市场销量，即 $x_i=q_i$（对于一般的 m，$x_i=m_{qi}$，这时重新定义 $\bar{\alpha}_i=m\alpha_i$，则这两个问题是等价的）。则 $v_i=y_i-b_ip_i+\alpha_iq_i$，且选择概率被重新设置为：

$$q_i=\frac{1}{2}\left(1+\frac{y_i-b_ip_i+\alpha_iq_i-\lambda}{\sqrt{(y_i-b_ip_i+\alpha_iq_i-\lambda)^2+\sigma_i^2}}\right) \qquad (式2\text{-}82)$$

其中，网络效应以网络强度参数的形式被内化在 MMM 的效用中，每个顾客至多购买一个产品，产品 0 表示没有购买产品线中的产品或者购买一个外部的产品。对于产品 0，效用是 v_0，误差项的方差是 σ_{20}，同时，参数 v_0 和 σ_0 都是已知的。则产品 0 的选择概率为：

$$q_0=\frac{1}{2}\left(1+\frac{v_0-\lambda}{\sqrt{(v_0-\lambda)^2+\sigma_0^2}}\right) \qquad (式2\text{-}83)$$

通过方程（2-83），得到 $\lambda = v_0 - \frac{1}{2}\sigma_0(2q_0-1)\cdot(q_0-q_0^2)^{-\frac{1}{2}}$（式2-84）。通过方程（2-84），产品 i 的价格可被表示为：

$$p_i = \frac{1}{b_i}\left[y_i + \alpha_i q_i - v_0 + \frac{1}{2}\sigma_0(2q_0-1)\cdot(q_0-q_0^2)^{-\frac{1}{2}} - \frac{1}{2}\sigma_i(2q_i-1)(q_i-q_i^2)^{-\frac{1}{2}}\right]$$
（式2-85）

其中，$\sigma_i > 0$，$\sigma_0 > 0$。定义 $q = (q_0, q_1, \cdots, q_n)$，且所有产品的开发成本被假设为 0，则公司的总收益为：

$$\begin{aligned}\pi(q) &= \sum_{i=1}^{n} q_i \cdot p_i(q) \\ &= \sum_{i=1}^{n}\frac{\alpha_i}{b_i}q_i^2 + \sum_{i=1}^{n}\frac{q_i}{b_i}\cdot\left[y_i - v_0 + \frac{\sigma_0}{2}(2q_0-1)\cdot(q_0-q_0^2)^{-\frac{1}{2}}\right] - \\ &\quad \sum_{i=1}^{n}\frac{\sigma_i}{2b_i}(2q_i^2-q_i)(q_i-q_i^2)^{-\frac{1}{2}}\end{aligned}$$
（式2-86）

则产品定价问题被陈述为：

$$\begin{aligned}&\max \pi(q_0, q_1, q_2, \cdots, q_n) \\ &s.t. \sum_{i=1}^{n} q_i + q_0 = 1 \\ &q_i, q_0 \geq 0 \,(i=1,2,\cdots,n)\end{aligned}$$
（式2-87）

下面将研究网络效应如何影响不同场景下的最优价格、对应的市场份额和最优收益的问题，包括开发一个新产品、多个具有相同系数的产品的同质场景及多个具有不同参数的产品的异质情况。

（一）单个产品的定价

这部分将研究仅有一个产品被开发的产品定价问题。产品的质量是 y，价格敏感系数是 b，网络效应参数是 α，效用误差项的方差是 σ_2，产品的购买概率是 q。根据方程（2-88），产品的价格是：

$$p = \frac{1}{b}\left[y + \alpha q - v_0 + \frac{1}{2}\sigma_0(2q_0-1)(q_0-q_0^2)^{-\frac{1}{2}} - \frac{1}{2}\sigma(2q-1)(q-q^2)^{-\frac{1}{2}}\right]$$

（式2-88）

假设 $\sigma = \sigma_0 > 0$，且 $q + q_0 = 1$，所以价格被改变为：

$$p = \frac{1}{b}\left[y + \alpha q - v_0 + \frac{1}{2}\sigma_0(1-2q)(q-q^2)^{-\frac{1}{2}} - \frac{1}{2}\sigma(2q-1)(q-q^2)^{-\frac{1}{2}}\right]$$
$$= \frac{1}{b}(y - v_0 + \alpha q) + \frac{\sigma}{b}(1-2q)(q-q^2)^{-\frac{1}{2}}$$

（式2-89）

公司的收益是：

$$\pi_1(q) = p \cdot q = \frac{\alpha}{b}q^2 + \frac{y-v_0}{b}q + \frac{\sigma}{b}q(1-2q)(q-q^2)^{-\frac{1}{2}} \quad （式2-90）$$

最优产品定价问题为：

$$\begin{aligned}\max \pi_1(q)\\ s.t. q \geq 0\end{aligned} \quad （式2-91）$$

下面的命题证明，当仅有一个产品被开发时，$\pi_1(q)$ 关于变量 q 是凹函数。当考虑网络效应时，最优价格和最优市场份额能通过隐式方程求得，最大收益可以根据对应的最优价格和最优市场份额由式（2-91）得到。

（二）同质产品的定价

在本节中，一个特殊的市场情况将被考虑，即所有的 n 个产品有相同的系数。也就是说，所有产品有相同的质量、价格敏感系数、网络效应参数和效用误差项的方差，即 $y_i = y$，$\alpha_i = \alpha$，$b_i = b$，$\sigma_i = \sigma$。不失一般性，假设价格敏感系数 $b = 1$。

由式（2-92），价格可以被重新表达为：

$$p_i = y + \alpha q_i - v_0 + \frac{1}{2}\sigma_0(2q_0-1)(q_0-q_0^2)^{-\frac{1}{2}} - \frac{1}{2}\sigma(2q_i-1)(q_i-q_i^2)^{-\frac{1}{2}}$$

（式2-92）

公司的总收益被表示为：

$$\pi_2(q) = \sum_{i=1}^{n}(y - v_0 + \alpha q_i)q_i + \sum_{i=1}^{n} q_i \cdot \frac{\sigma_0}{2}(2q_0 - 1) \cdot (q_0 - q_0^2)^{-\frac{1}{2}} - \sum_{i=1}^{n} q_i \frac{\sigma}{2}(2q_i - 1)(q_i - q_i^2)^{-\frac{1}{2}}$$

（式2-93）

因此，产品线定价问题被描述如下：

$$\max \pi_2(q_0, q_1, q_2 \cdots q_n)$$
$$s.t. \sum_{i=1}^{n} q_i + q_0 = 1$$
$$q_i, q_0 \geq 0 (i = 1, 2 \cdots n)$$

（式2-94）

上面的命题表明，当网络效应存在时，收益函数 $\pi_2(q_0, q_1, q_2, \cdots, q_n)$ 关于变量 q 仍是凹函数，最优价格和最优市场份额仍可以通过隐式方程组求解。

（三）异质产品的定价

不同于同质的情况，本节考虑所有产品的参数是不同的，即不同产品的质量水平（y_i）、价格敏感系数（b_i）、网络效应参数（α_i）或者效用误差项的方差（σ_i^2）。

对于收益函数式（2-93），产品线定价问题通过式（2-83）描述。下面的命题证明，即使所有产品的参数都是异质的并且网络效应存在，当 $b_i = b(i = 1, \cdots, n)$ 时，收益函数 $\pi(q_0, q_1, q_2, \cdots, q_n)$ 关于选择概率 q 仍是凹函数。同时，最优价格和最优市场份额可以通过隐式方程组求解，根据对应的最优价格和最优市场份额，最大收益也可以通过式（2-93）求得。

在异质的场景中，当不同产品的价格敏感系数都相同时，收益函数关于选择概率是凹函数。同时，不同产品的最优价格一般是不同的。

三、数值实验

本小节通过数值实验研究网络效应参数对最优解的影响。首先，研究了在开发一个产品、同质产品和异质产品的情况下，不同参数的变化对最优解的影响。

其次,分析了网络效应存在时,在产品定价问题中考虑网络效应的重要性。最后,在网络效应参数估计存在误差的情况下,测试了解鲁棒性。

(一)不同参数对最优解的影响分析

本节研究了在开发不同产品数量的多种情况下,不同参数对产品的最优价格、最优市场份额和最优收益的影响。

1. 开发一个产品

本部分首先研究只开发一个产品时,不同参数的变化对最优结果的影响。为了便于分析,考虑只有一个参数改变而其他参数保持不变的情况。

为了分析网络效应参数对最优解的影响,设 a 的变化范围为 $[-10, 0]$,其他参数被设置为 $y=2$,$b=1$,$\sigma=1$,$v_0=0.5$。最优解随着网络效应参数 a 的变化而变化的趋势如图2-14所示。

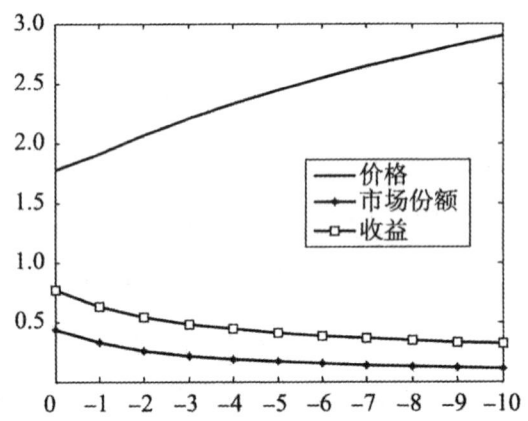

图2-14 最优解随着网络效应参数的变化而变化的情况

如图2-14所示,随着网络效应参数的减小,最优价格逐渐升高,最优市场份额或收益逐渐下降,这意味着网络效应是产品开发的关键因素。如果网络效应几乎可以忽略不计,最优价格相对较低,对应的市场份额较大,收益较高。由于仅考虑负的网络效应,当网络效应绝对值增大时,最优价格可能会更高,但相应的市场份额和收益都在逐渐减少。

下面将分析当网络效应存在时，产品的质量对最优解的影响。假设产品的质量 y 位于 [1, 10]，令 $\alpha = -2$，$b = 1$，$\sigma = 1$，$v_0 = 0.5$。图 2-15 给出了最优解随质量的变化而变化的情况。

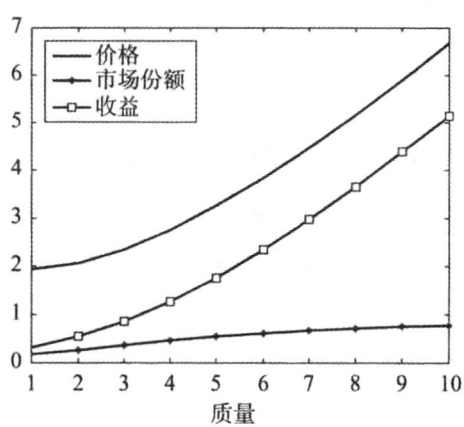

图 2-15　最优解随质量的变化而变化的情况

从图 2-15 中可以发现，最优价格、对应的市场份额和收益都是随着质量的增加而逐渐增加的。即使网络效应存在，在不考虑开发成本的情况下，提高质量对卖方也是有好处的。由于质量提高，产品的价格可以设置得较高，相应的市场份额变大，收入也会增加。

接下来研究网络效应存在时，价格敏感系数对最优解的影响。假设 $b \in [0.1, 5]$，$\alpha = -2$，$y = 2$，$\sigma = 1$，$v_0 = 0.5$。

如图 2-16 所示，当考虑网络效应时，随着价格敏感系数变大，最优价格和最优收益都下降，但对应的市场份额保持不变，因为市场份额与价格敏感系数无关。当顾客对价格的敏感性较低时，价格能设置得高一些，获得的收益也较大。但是，当顾客对产品价格的敏感性较高时，最优价格应该设置得低一些，这时，最优价格和最优收益都将趋于 0。

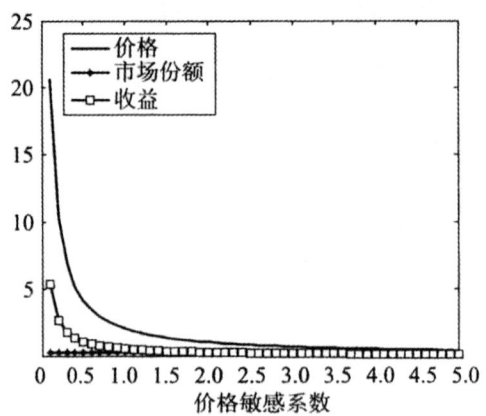

图 2-16 最优解随着价格敏感系数的变化而变化的情况

为了分析效用误差项的方差对最优解的影响，设置 $\sigma \in [0.1, 5]$，$\alpha = -2$，$y = 2$，$b = 1$，$v_0 = 0.5$。图 2-17 描述了最优解随着效用误差项的方差 σ 的变化而变化的情况。

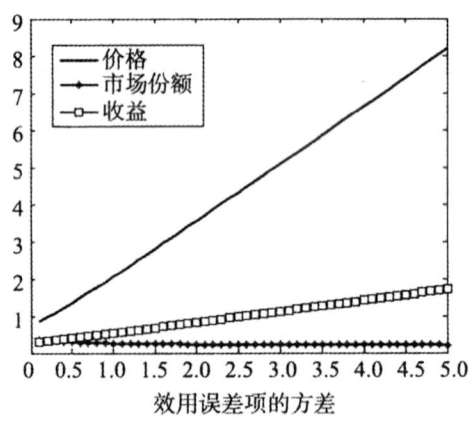

图 2-17 最优解随着效用误差项的方差的变化而变化的趋势

由图 2-17 可知，随着效用误差项方差的增大，最优价格和收益增大，市场份额减小。这意味着如果估计的效用有很大的误差，产品的价格可能会上升，收入也增加，但相应的市场份额会下降。

当不同的产品具有同质系数时，即使存在网络效应，不同参数对最优解（最优价格、最优市场份额或最优收益）的影响与开发一种产品时的影响也是相似的。接下来将研究当所有产品都具有异质系数且存在网络效应时，最优解随着不同参数的变化而变化的趋势。

2. 异质情况

在所有产品均为异质且存在网络效应情况下，研究不同参数对最优解的影响。不失一般性，假设仅开发两个产品投放到市场中。

首先，考虑网络效应参数对最优解的影响。为了便于说明，假设两个产品的网络效应参数相同，且 $a_1 = a_2 = [-10, 0]$。令 $y_1 = 2$，$y_2 = 3$，$b = 1$，$v_0 = 0.5$，$\sigma_0 = 0.5$，$\sigma_1 = 1$，$\sigma_2 = 0.8$。图 2-18 描述了最优解随着网络效应参数的变化而变化的情况。

如图 2-18 所示，最优价格、最优市场份额和最优收益的变化是不同的。随着网络效应的下降，两个产品的最优价格先下降然后增加，两个产品各自的市场份额和总市场份额逐渐下降，两个产品各自的最优收益和总收益也逐渐减少。当网络效应较小时，最优价格应该设置得高一些，但是对应的市场份额会减少，这与开发一个产品是类似的。

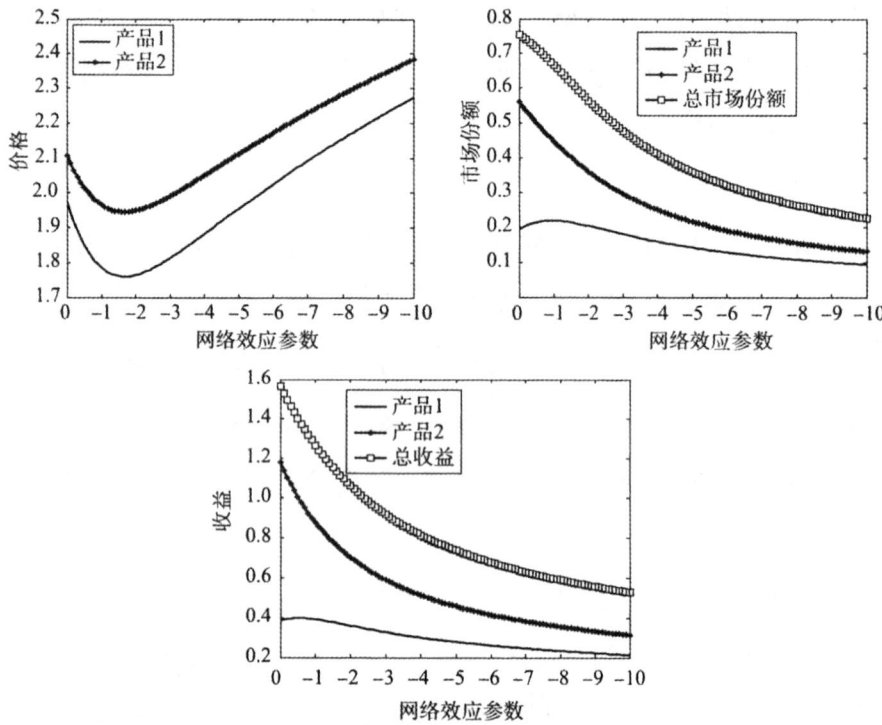

图 2-18 网络效应参数对最优解的影响

其次，研究当网络效应存在时，最优解随着产品质量的变化而变化的情况。假设两个产品的质量是相同的，且 $y_1 = y_2 = [1, 10]$。令 $\alpha_1 = -2$，$\alpha_2 = -1$，$b = 1$，$v_0 = 0.5$，$\sigma_0 = 0.5$，$\sigma_1 = 1$，$\sigma_2 = 0.8$。图 2-19 给出了最优解随着产品质量的变化而变化的情况。

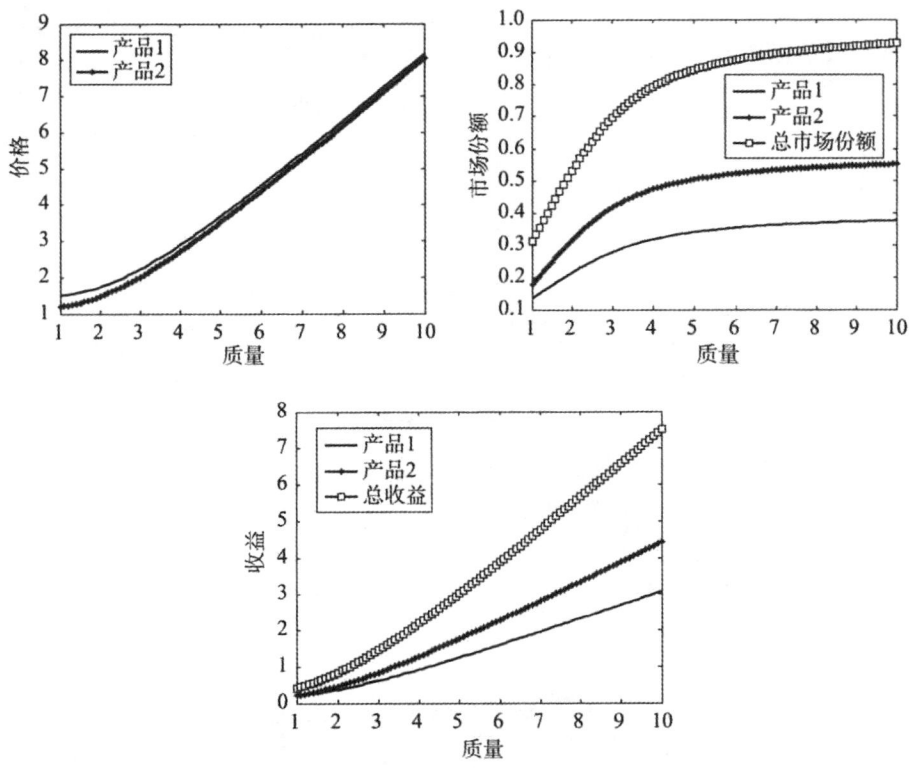

图 2-19 产品的质量对最优解的影响

从图 2-19 可以看出，最优价格、相应的市场份额和最优收益随着质量的提高而逐渐上升，这种趋势与开发一个产品的情况相同。对于卖家来说，如果能提高产品的质量，就可以设定更高的销售价格，从而增加市场份额和收益。

再次，分析了价格敏感系数对最优解的影响。假设 $b \in [0.1, 5]$，$\alpha_1 = -2$，$\alpha_2 = -1$，$y_1 = 2$，$y_2 = 3$，$v_0 = 0.5$，$\sigma_0 = 0.5$，$\sigma_1 = 1$，$\sigma_2 = 0.8$。图 2-20 给出了当网络效应存在时，最优解随着价格敏感系数的变化而变化的情况。

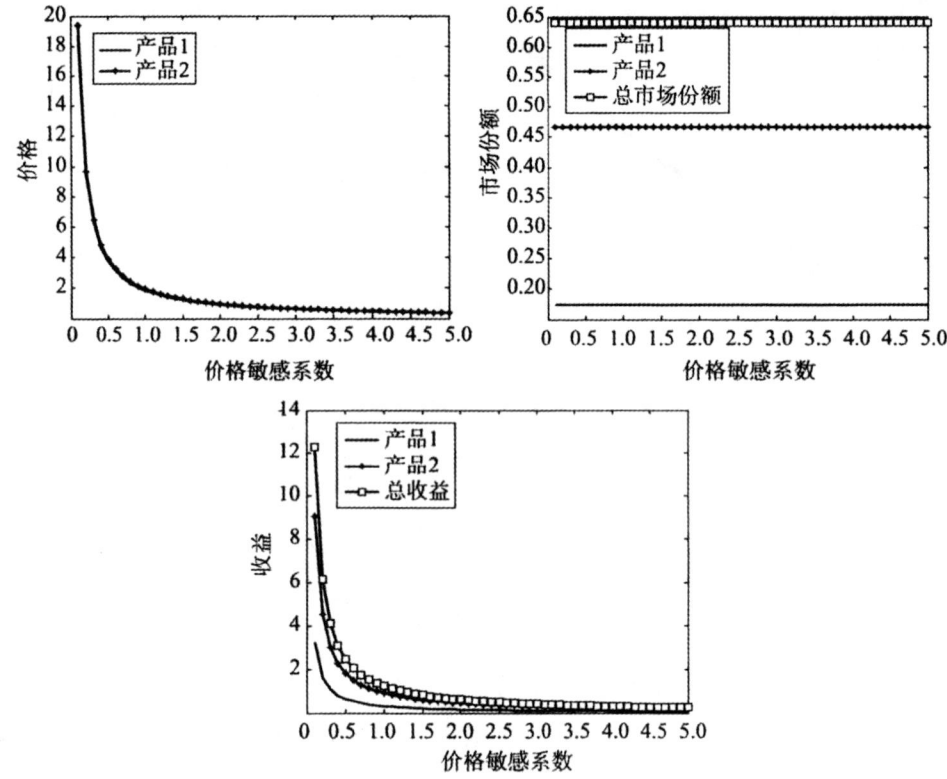

图 2-20　价格敏感系数对最优解的影响

从图 2-20 可以看出，当价格敏感系数变大时，最优价格和最优收益都变小，但相应的市场份额保持不变。对于市场份额，市场份额与价格敏感系数无关。此外，当顾客的价格敏感性较大时，卖方应通过降价来获得最优收益。

最后，研究了网络效应存在时效用误差项方差对最优解的影响。假设效用误差项的方差都是一致的，即 $\sigma_0 = \sigma_1 = \sigma_2 = [0.1, 10]$。令 $\alpha_1 = -2$，$\alpha_2 = -1$，$y_1 = 2$，$y_2 = 3$，$v_0 = 0.5$，$b = 1$。图 2-21 描绘了最优解随着效用误差项方差的变化而变化的趋势。

第二章 基于顾客选择行为的产品线定价策略

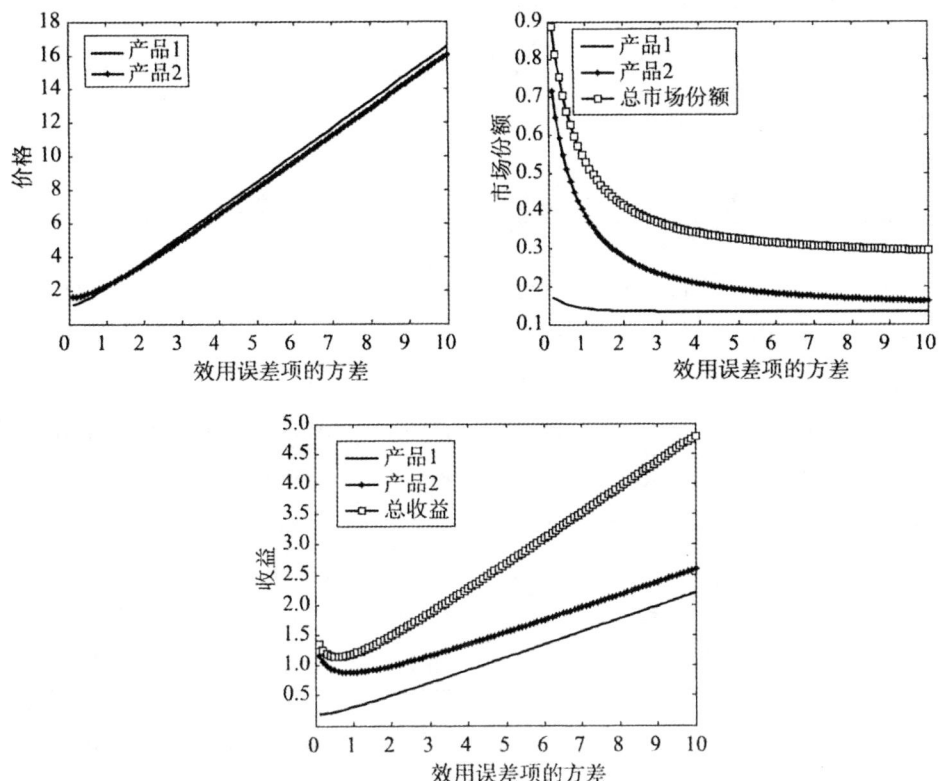

图 2-21 效用误差项方差对最优解的影响

从图 2-21 可以看出，最优价格、最优市场份额和最优收益的变化是不同的。随着效用误差项方差变大，两个产品的最优价格增加，两个产品各自的市场份额和总市场份额下降，产品 1 的收益逐渐增加，而产品 2 的收益和总收益先降低一点，然后逐渐增加。可以看出，估计效用的方差会影响产品的价格、市场份额和收益。

（二）网络效应研究的必要性

在网络效应确实存在的前提下，网络效应对产品线定价决策的影响不容忽视，否则，卖家将承担一定的损失。该试验由三部分数值实验组成，分别是开发一个产品、同质产品和异质产品。

当开发一个产品时，令 $y = 2$，$b = 1$，$\sigma = 1$，$v_0 = 0.5$。对于同质产品的情况，假设仅开发两个产品，且 $y = 2$，$\sigma = 1$，$v_0 = 0.5$。对于异质产品的情况，同样

也是开发两个产品,且 $y_1 = 2$, $y_2 = 3$, $b = 1$, $v_0 = 0.5$, $\sigma_0 = 0.5$, $\sigma_1 = 1$, $\sigma_2 = 0.8$。假设网络效应参数 $\alpha = [-10, 0]$。考虑网络效应时不同情形下最优收益的比较见表2-6。

表2-6 考虑网络效应时不同情形下最优收益的比较

α	0	-1	-1	-3	-4	-5	-10
π_1	0.7666	0.6248	0.5393	0.4822	0.4409	0.4093	0.3182
π_1^0	0.7666	0.6225	0.5320	0.4694	0.4231	0.3872	0.2823
$\iota_1/\%$	0	0.37	1.35	2.65	4.04	5.40	11.28
π_2	1.0469	0.9166	0.8217	0.7507	0.6957	0.6517	0.5171
π_2^0	1.0469	0.9160	0.8188	0.7442	0.6850	0.6368	0.4848
$\iota_2/\%$	0	0.07	0.35	0.87	1.54	2.29	6.25
π	1.5646	1.2679	1.0610	0.9171	0.8140	0.7368	0.5280
π^0	1.5646	1.2583	1.0531	0.9138	0.8132	0.7368	0.5222
$\iota/\%$	0	0.76	0.74	0.36	0.10	0	1.10

从表2-6中可以看出,无论是开发一个产品、同质产品还是异质产品,考虑网络效应的最优收益均大于不考虑网络效应但确实存在的收益。当 $\alpha = -10$ 时,损失高达11%。随着网络效应参数的减小,损失可能会增大。因此,如果产品存在网络效应,在定价决策时需要考虑网络效应,否则卖家可能会遭受一定的损失。

(三)解的鲁棒性

本小节研究了网络效应参数存在一定的估计误差时,收益的鲁棒性。不失一般性,仅考虑同质情况。假设卖家对网络效应参数有一个估计 $\bar{\alpha}$,根据 $\bar{\alpha}$ 作出的定价决策是 $\tilde{p}(\tilde{q})$。但是实际的网络效应参数是 α,根据定价 $\tilde{p}(\tilde{q})$,α 对应的市场份额是 $\bar{q}$。如果 $\alpha = \bar{\alpha}$,则 $\bar{q} = \tilde{q}$。否则,$\bar{q}$ 和 $\tilde{q}$ 通常是不同的。实际获得的收益是 $\tilde{\pi} = \tilde{p}(\tilde{q}) \cdot \bar{q}$。

对于产品为同质的场景,假设仅开发两个产品。令 $y = 2$, $\sigma = 1$, $v_0 = 0.5$。

定义 $\iota = 100 \times (\pi^* - \tilde{\pi})/\pi^*$ 为收益损失，其中 π^* 表示网络效应参数没有任何估计误差时的最优收益。表 2-7 给出了收益和损失的结果。

表 2-7 收益的鲁棒性

$\bar{\alpha}$	−2.5	−2.8	−3	−3.2	−3.5	−3.8
\multicolumn{7}{c}{$\alpha = -2.8$}
$\tilde{\pi}$	0.7633	0.7634	0.7634	0.7633	0.7629	0.7625
ι /%	0.01	0	<0.01	0.01	0.07	0.12
\multicolumn{7}{c}{$\alpha = -3.5$}
$\tilde{\pi}$	0.7207	0.7211	0.7214	0.7215	0.7216	0.7215
ι /%	0.12	0.07	0.03	0.01	0	0.01

如表 2-7 所示，当网络效应参数存在一定的估计误差时，收益表现出良好的鲁棒性。从表中可以看出，收益损失最高的是 0.12%，而大多数都低于 0.1%。从图 2-14 中也可以看出，随着网络效应的变化，收益曲线相对平稳。当网络效应参数的估计误差在合理范围内时，可以获得最优的鲁棒收益。因此，本节提出的模型具有很好的鲁棒性。

四、小结

在电子商务飞速发展的今天，复杂的网络效应对新产品开发和定价的影响不容忽视。有的产品带有正的网络效应，有的产品带有负的网络效应。MNL 模型是最广泛使用的顾客选择模型之一，但它的假设在某些实际情况下无法满足。因此，本节研究基于 MMM 模型的考虑负的网络效应的产品线定价问题，主要贡献如下。

一是利用带有负网络效应的 MMM 模型模拟顾客在产品线定价问题中的选择行为。在顾客的效用函数中，加入了一个由网络效应系数和产品销售量组成的网络效应项。

二是在开发单个产品、同质产品和异质产品的不同情况下，证明了考虑网络效应时，收益函数关于变量市场份额是凹函数，并分别给出了最优价格、最优市场份额和最优收益的求解方程。

三是通过数值实验，首先，描述了网络效应参数、产品质量、价格敏感系数、效用误差项方差等不同参数对最优解的变化影响；其次，分析了产品线定价中考虑网络效应的重要性；最后，为了验证该模型的适用性，在网络效应参数估计存在误差时，测试了最优解的鲁棒性。

第四节　考虑负效用的产品线定价

一、概述

关于产品线设计优化的大多数文献在使用概率型选择模型时都假设顾客选择每个产品的概率是非零的。也就是说，无论顾客购买一个产品获得的效用多小，甚至是负的，仍旧有顾客购买这个产品，这个产品仍获得一定的市场份额，但这与实际是明显不符的。顾客没有理由购买一个带有负效用的产品，即购买后给他带来损失的产品。

一些学者对负效用问题进行了研究。Sudharshan 等基于多尺度分析建立了一个产品定位模型，这个模型限制只有 k 个距离理想点最近的产品被选择，其他产品的被选择概率是 0。Kraus 和 Yano 在建立剩余份额选择模型时也考虑了负效用问题，在模型中，负效用被约束，即如果顾客从一个产品中获得负效用，他将不会购买这个产品，该产品的选择概率为 0。Luo 等在研究最优产品定位问题时也考虑了负效用，为了求解负效用问题，他们基于 MNL 模型引入了一个分段函数。

虽然有一些文献基于概率型选择模型研究负效用的产品线问题，但是还没有人基于 MMM 模型考虑负效用的研究。因此，本节基于 MMM 模型研究了考虑负效用的产品线定价问题,探索了最优解和几个影响因素之间的关系,包括竞争产品的价格、开发成本、顾客获得效用的方差和竞争产品的效用。

二、基于 MMM 模型的产品线定价

(一)问题描述

在这部分,基于改进的 MMM 的产品线定价模型被建立。优化问题的目标是最大化总利润(总收益—总成本)。假设公司有能力生产所有的 J 个潜在的产品,定义 c_j 是产品 $j(j=1,\cdots,J)$ 的可变成本。公司决定每个产品的价格 $p_j(j=1,\cdots,J)$,市场中一共有 I 个细分市场,每个细分市场包括同质的顾客,细分市场 $i(i=1,\cdots,I)$ 有 Q_i 个顾客。细分市场 i 对产品 j 的偏爱通过效用 u_{ij} 表示。一个顾客至多选择一个产品,他可能购买产品线中的任一产品,也可能购买竞争产品。假设竞争者在短期内不会对新产品作出反应,同时假设市场中有 $K(k=1,\cdots,K)$ 个竞争产品,产品没有价格歧视。

(二)改进的 MMM 模型

Natarajan 等提出了一个新的离散选择模型——Marginal Moment Model(MMM)。假设顾客 i 购买产品 j 得到的效用被表示为:

$$u_{ij} = v_{ij} + \varepsilon_{ij} \qquad (式2\text{-}95)$$

其中,v_{ij} 表示与产品的已知属性相关的确定效用,ε_{ij} 表示没有考虑到的因素导致的模型的随机误差。假设误差 ε_{ij} 的均值 0 和方差 σ_{2ij} 是已知的,即效用 u_{ij} 的均值 v_{ij} 和方差 σ_{2ij} 已知。根据 MMM 模型,选择概率被表示为:

$$q_{ij} = \frac{1}{2}\left(1 + \frac{v_{ij} - \lambda_i}{\sqrt{(v_{ij} - \lambda_i)^2 + \sigma_{ij}^2}}\right) \qquad (式2\text{-}96)$$

其中,拉格朗日乘子 λ_i 通过下面方程求解:

$$\sum_{j=1}^{J}\frac{1}{2}\left(1+\frac{v_{ij}-\lambda_i}{\sqrt{\left(v_{ij}-\lambda_i\right)^2+\sigma_{ij}^2}}\right)=1 \qquad (式2-97)$$

当顾客购买产品时，他们更关心他们得到的实际效用。即在支付价格后，顾客获得的剩余效用 $u_{ij}-p_j$。考虑剩余效用，改进 MMM（IMMM）模型的选择概率是：

$$q_{ij}=\frac{1}{2}\left(1+\frac{v_{ij}-p_j-\lambda_i}{\sqrt{\left(v_{ij}-p_j-\lambda_i\right)^2+\sigma_{ij}^2}}\right) \qquad (式2-98)$$

其中，λ_i 通过下面方程求解：

$$\sum_{j=1}^{J}\frac{1}{2}\left(1+\frac{v_{ij}-p_j-\lambda_i}{\sqrt{\left(v_{ij}-p_j-\lambda_i\right)^2+\sigma_{ij}^2}}\right)=1 \qquad (式2-99)$$

在 IMMM 模型中，用更加符合实际的剩余效用代替感知效用。在下面的产品线定价模型中，假设参数 v_{ij}、c_j、Q_i 是常数。因此，为了求解利润最大化的产品线优化模型的最优价格，考虑剩余效用的改进 MMM 模型是非常必要的。

（三）产品线优化模型

利润最大化的产品线优化问题的模型被建立为：

$$\max \sum_{i=1}^{I}\sum_{j=1}^{J}Q_i\left(p_j-c_j\right)\cdot q_{ij} \qquad (式2-100)$$

$$s.t. \sum_{k=1}^{K}q_{ik}+\sum_{j=1}^{J}q_{ij}=1\,(i=1,2,\cdots,I) \qquad (式2-101)$$

其中

$$q_{ij}=\frac{1}{2}\left(1+\frac{v_{ij}-p_j-\lambda_i}{\sqrt{\left(v_{ij}-p_j-\lambda_i\right)^2+\sigma_{ij}^2}}\right)(i=1,2,\cdots,I;\,j=1,2,\cdots,J) \qquad (式2-102)$$

其中，q_{ik} 表示细分市场 i 选择竞争产品 k 的概率，且

$$q_{ik} = \frac{1}{2}\left(1 + \frac{v_{ik} - p_k - \lambda_i}{\sqrt{(v_{ik} - p_k - \lambda_i)^2 + \sigma_{ij}^2}}\right)(i=1;2,\cdots,I \quad k=1\ 2\ \cdots\ K) \quad （式2-103）$$

其中，v_{ik} 和 σ_{2ik} 的定义类似于 v_{ij} 和 σ_{2ij}，p_k 定义竞争产品 k 的价格。

（四）考虑负效用的优化模型

MMM 模型被用来模拟顾客的选择行为，这个概率模型假设顾客对所有产品的选择概率是非零的。换句话说，无论产品的效用多小，甚至是负的，仍旧有顾客购买这个产品，这个产品仍占有一定的市场份额，这明显与实际不相符。顾客没有理由购买一个带有负效用的产品，即购买后带给自己损失的产品。

因此，假设顾客是理性的，他们不会购买带有负效用的产品。根据 IMMM 模型和模型（2-104）中的顾客选择概率被修正为：

$$q_{ij} = \begin{cases} \dfrac{1}{2}\left(1 + \dfrac{v_{ij} - p_j - \lambda_i}{\sqrt{(v_{ij} - p_j - \lambda_i)^2 + \sigma_{ij}^2}}\right), & if\ v_{ij} - p_j \geq 0 \\ 0, & else \end{cases} \quad （式2-104）$$

三、数值实验

在本节中，通过一个数值实验测试优化模型的有效性。首先，测试基于 IMMM 模型的产品线优化模型的解的性能；其次，比较 IMMM 和带有负效用模型的解；最后，分析最优解和几个参数间的关系。

（一）产品线模型的最优解

为了评估模型的性能，选择类似于 Kraus 和 Yano 的三种类型问题表示不同类别的真实问题。

第一个问题称为"随机"型，它反映不同细分市场对特殊的产品有特殊的偏爱，对其他产品不喜欢的情况，他们的购买意愿没有明显的模式。和 Kraus

和 Yano 类似，假设效用 v_{ij} 服从一个均匀分布 $U[\$1, \$100]$。定义 $v_j = \max i\{v_{ij}\}$ 和 $\alpha_j \sim U[0.05, 0.2]$，成本被定义为 $c_j = \alpha_j \cdot v_j$，细分市场规模为 $Q_i \sim U[50, 100]$。第二个问题称为"富—穷"型，富裕的细分市场可以负担更昂贵的产品（反映为更高的效用），这个场景反映顾客对大的预算项目和奢侈品的购买行为。顾客的效用被定义为 $v_{ij} = (b_{ij} + \$100) \times i/I$，其中，$b_{ij} \sim U[\$0, \$100]$，$I$ 是细分市场的总数。成本 c_j 的产生与随机场景一致，细分市场规模为 $Q_i = [f_{ij}(I - i)/I] + 50$，其中，$f_{ij} \sim U[0, 100]$。第三个问题称为"质量"型，一个带有更多特征和更高生产成本的产品被所有的细分市场偏爱。成本 $c_j \sim U[85, \$20]$，效用 $v_{ij} = b_{ij} \cdot c_j$，其中，$b_{ij} \sim U[1.0, 1.5]$，市场规模 $Q_i \sim U[50, 100]$。

对于每个问题，分别生成五个产品和五个细分市场，假设市场中有一个来自其他公司的竞争产品。令 $\sigma_{2ij} = \sigma_{2ik} = 1$，参数 v_{ij}、c_j、Q_i、v_{ik}、p_k 的值参见附录。

表 2-8 给出了基于改进 MMM 的优化模型的最优解，每个问题的结果被分别获得，这里的结果是在没有考虑负效用问题情况下获得的。在表中，"价格 1"表示产品 1 的最优价格，"价格 2"表示产品 2 的最优价格，其他类似；"利润"表示基于五个产品的开发公司获得的总的最优利润。根据表 2-8 发现标准差都是相当小的,这表明产品线优化模型是合理的,改进的 MMM 模型能获得满意的结果。

表 2-8 基于改进 MMM 的优化模型的最优解（$）

	随机	富—穷	质量
价格 1	86.9671	38.7490	12.4303
价格 2	70.5216	27.6296	15.6424
价格 3	89.0246	44.8547	12.4710
价格 4	96.6335	49.5923	16.8979
价格 5	79.2664	41.1493	14.8748
利润	1.8383e + 04	1.0480e + 03	821.5476
标准差	1.7638e − 06	7.0051e − 06	2.0069e − 05

在 IMMM 和 MMM 中考虑负效用的最优解被列示在表 2-9 中。首先，比较考

虑负效用的 IMMM 和没有考虑负效用的 IMMM 的最优解。如表 2-9 所示，标准差都是相当小的，所以最优解是令人满意的。但是，和表 2-8 中的最优利润比较，考虑负效用模型的一些利润减少，一些利润增加。这是因为，无论公司开发的是新产品还是竞争产品，都有一些顾客获得负效用，另外一些顾客获得非负的效用，而且顾客的效用被随机产生。当考虑负效用的影响时，一些产品有更大的市场份额，而其他产品的市场份额变小。因此考虑负效用的模型中一部分利润增加，一部分利润减少。

其次，比较在 IMMM 和 MMM 中考虑负效用的产品线定价模型的最优解。从表 2-9 中可以发现，MMM 中的最优价格均高于 IMMM 中的最优价格。但是，在 MMM 中的最优利润不总是更大的。在"富—穷"和"质量"问题中，MMM 的利润大于 IMMM 的利润，但是在"随机"问题中，MMM 的利润更小。如果在产品线定价问题中不考虑顾客的剩余效用，价格通常被设置得较高，但是获得的利润不总是更多。因此在 MMM 中考虑剩余效用和负效用都是很有必要的。

表 2-9　在 IMMM 和 MMM 中考虑负效用的最优解（$）

	IMMM			MMM		
	随机	富—穷	质量	随机	富—穷	质量
价格 1	72.5068	100.0097	10.0000	99.7274	174.9996	13.0989
价格 2	70.6361	89.9248	13.4861	85.2523	167.3633	18.0223
价格 3	67.9154	86.3661	11.7294	99.9828	161.8307	28.4428
价格 4	90.0022	92.4309	15.3395	91.3554	106.8136	16.4759
价格 5	57.9145	64.5519	24.7581	84.4861	67.4710	13.6152
利润	1.7730e+04	1.6150e+04	716.5287	1.7280e+04	1.8505e+04	1.4936e+03
标准差	2.7908e−04	4.6583e−06	1.4055e−05	6.9844e−05	1.4697e−05	6.2792e−04

（二）不同参数对最优解的影响分析

1. 竞争产品价格对最优解的影响

为了进一步分析最优解和竞争产品价格间的关系，假设竞争产品的价格服从一系列折扣发生变化，然后通过实验观察新产品的最优价格和利润的改变。图

2-22显示了最优价格随着竞争产品价格下降而改变的趋势,由于计算误差的存在,忽略曲线中小的改变,只观察曲线的总体变化趋势。

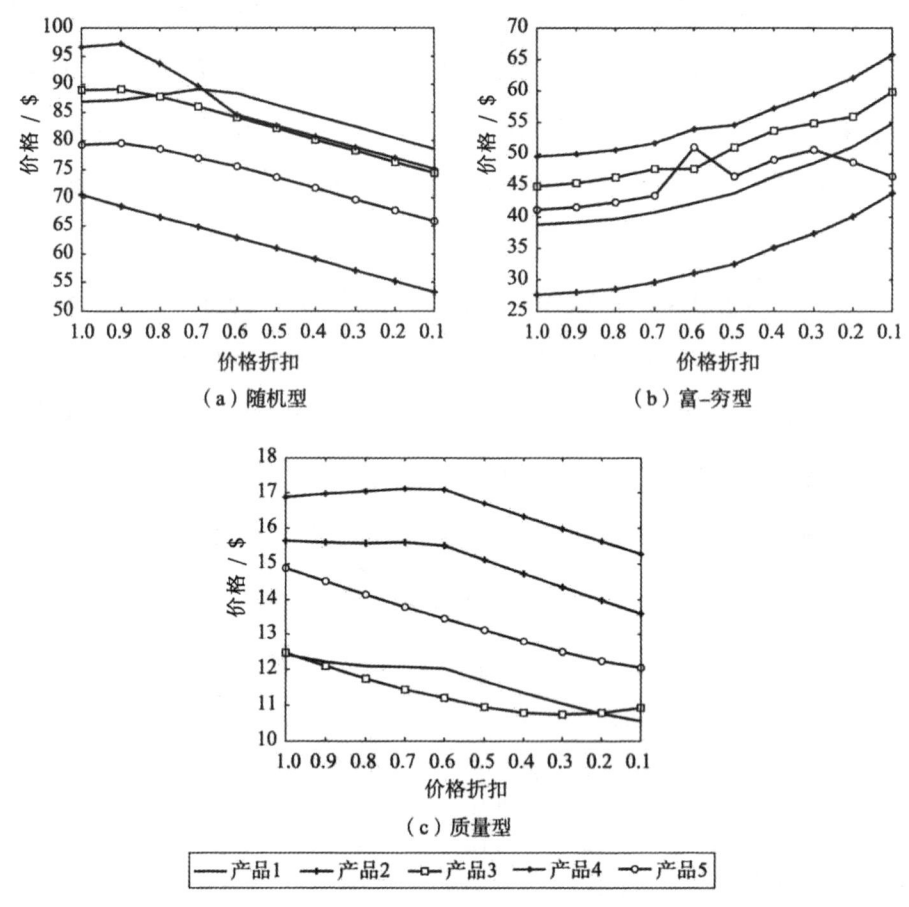

图 2-22　最优价格和竞争产品价格的关系

从图 2-22 中能发现三个类型问题的最优价格和竞争产品价格之间的关系。随着竞争产品的价格下降,"随机"和"质量"问题中产品价格的总体趋势是下降的,"富—穷"问题中产品价格的总体趋势上升。

"随机"问题描述顾客购买产品的不确定行为。当竞争产品的价格下降时,顾客对于新产品的偏爱可能会改变。由于顾客不确定的购买行为,在产品的质量相似的前提下,大多数顾客偏爱低价格的产品。因此,当竞争产品的价格下降时,为了占据一定的市场份额，新产品的价格也将下降。

"富—穷"问题反映顾客对于大的预算项目和奢侈品的购买行为，富裕的细分市场能负担更昂贵的产品。由于富裕细分市场的特征，他们更偏爱高价格的产品。当竞争产品的价格下降时，为了吸引富裕的细分市场，新产品的价格将被提高。

"质量"问题反映顾客对于产品特征的偏爱，顾客偏爱带有更多特征、耗费更多生产成本的产品。当产品的特征不改变时，顾客更倾向于价格较低的产品。当产品的质量不变，并且竞争产品的价格下降时，公司为了保证利润应该降低产品的价格。

图2-23描述了最优利润随着竞争产品价格的变化而变化的情况。随着竞争产品的价格下降，"随机"问题和"质量"问题的利润逐渐下降，但"富—穷"问题的利润逐渐上升，这与图2-22的结论一致。由于竞争产品的价格下降，为了占据一定的市场份额，"随机"问题和"质量"问题的产品价格都降低，因此利润也下降；但是"富—穷"问题的产品价格提升，因此利润也逐渐增加。

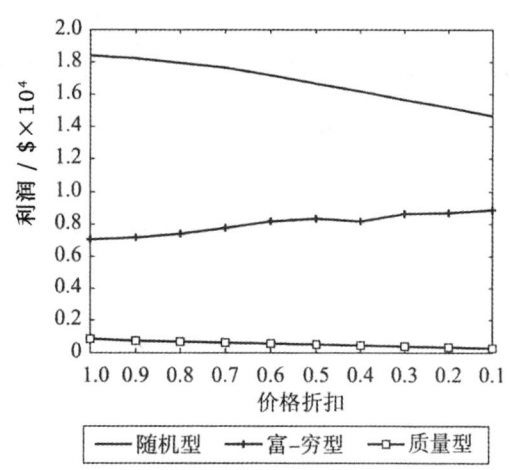

图2-23 最优利润和竞争产品价格的关系

2. 效用方差对最优解的影响

为了研究最优解和效用方差的关系，新产品和竞争产品的效用方差被假设是相等的，且服从一系列改变，即 $\sigma_{2ij} = \sigma_{2ik} = 1, 2, 3, 4, 5, 6, 7, 8, 9, 10$，图 2-24 和图 2-23 显示了价格和利润随着效用方差的改变而改变的情况。

图 2-24 显示了三种类型问题中最优价格随着效用方差改变而变化的曲线。随着效用方差增加，在"随机"和"富—穷"问题中，一些产品的价格下降，另一些产品的价格逐渐增加，顾客对产品的效用在"随机"和"富—穷"问题之间没有固定的规则。不同产品对于一个顾客的效用可能是不同的，同一个产品对多个顾客的效用可能也是不同的，不同顾客对不同产品有特殊的偏爱。但是，在"质量"问题中，价格曲线随着效用方差的增加逐渐上升，较大的方差导致较高的产品价格。如果公司获得顾客效用的数据有较大的偏差，在"质量"问题中产品的最优价格也将设置得更高。

图 2-25 显示了最优利润随着效用方差的变化而变化的情况。随着效用方差增加，"随机"和"富—穷"问题的利润逐渐下降，而"质量"问题的利润逐渐增加。也就是说，效用的估计对公司的利润有一定的影响。如果公司对顾客效用的调查数据是不可靠的且有较大的偏差，在"随机"和"富—穷"问题中公司能获得较少的利润，在"质量"问题中公司能获得更多的利润。因此，在定价决策过程中，公司最好知道效用估计的准确程度，再设置价格，以获得更优的利润。

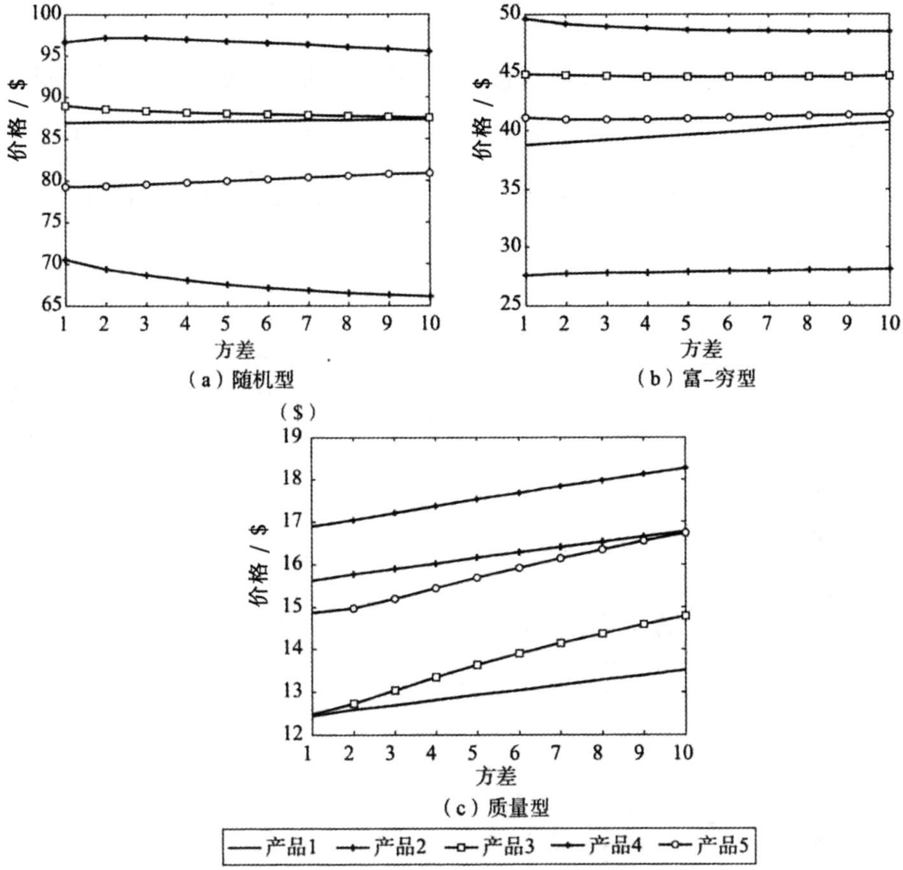

第二章 基于顾客选择行为的产品线定价策略

（a）随机型

（b）富-穷型

（c）质量型

——产品1 ——产品2 ——产品3 ——产品4 ——产品5

图 2-24 最优利润和效用方差的关系

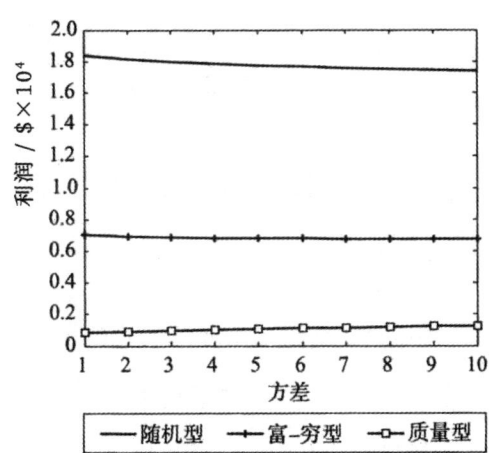

——随机型 ——富-穷型 ——质量型

图 2-25 最优利润和效用方差的关系

79

3. 开发成本对最优解的影响

随着科技的不断发展,公司有能力减少新产品的开发成本。当竞争产品存在时,通过数值实验研究最优解随着成本减少的变化情况。新产品的开发成本被假设分别改进了2%、5%、8%和10%,图2-26和图2-27显示了最优解和成本减少比率的关系。

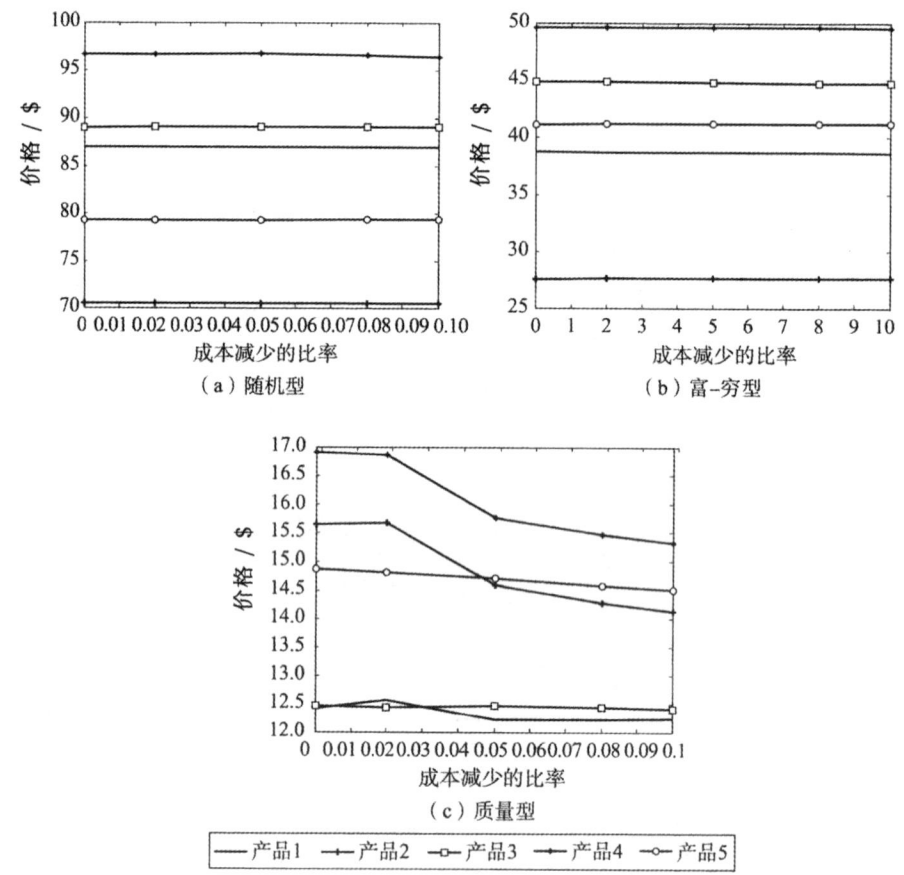

图2-26 最优价格随着成本减少比率的变化而变化的情况

图2-26显示了最优价格随着成本减少比率的变化而变化的情况。如图2-26所示,在"随机"和"富—穷"问题中,随着成本减少比率的增加,新产品的价格是几乎不变的,但在"质量"问题中产品的价格缓慢下降。由于成本的减少,

产品的质量可能会下降,并且在"质量"问题中,顾客对于产品的质量是敏感的。因此在"质量"问题中,新产品的价格有不同程度的下降。

最优利润随着成本减少比率的变化而变化的情况见图 2-27。随着成本减少比率的增加,三种类型问题中的利润都在增加。在任一类型的市场中,成本减少都会导致更高的利润。因此,公司应该改进生产技术,减少产品的生产成本,进而增加利润。

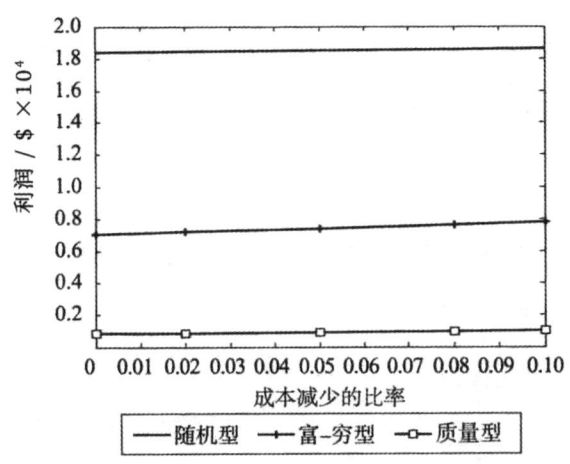

图 2-27　最优利润随着成本减少比率的变化而变化的情况

4. 竞争产品效用对最优解的影响

当制定定价决策时,公司应该考虑竞争产品的因素。在基于 MMM 模型的产品线定价中,顾客对于竞争产品的效用是一个重要的影响因素。本节通过数值实验研究最优解随着竞争产品效用的变化而变化的趋势,假设顾客对竞争产品的效用服从一系列改变,效用减少了 20%、10%,或者增加了 10%、20%。图 2-28 和图 2-29 描述了最优价格和最优利润与竞争产品效用的关系。

图 2-28 显示了最优价格随着竞争产品效用的变化而变化的趋势。如图所示,在三种类型的问题中,新产品的价格没有固定的改变模式。当顾客对竞争产品的效用改变时,新产品的价格不能盲目地增加或降低,决策者应该综合考虑其他因

素以获得最大利润。

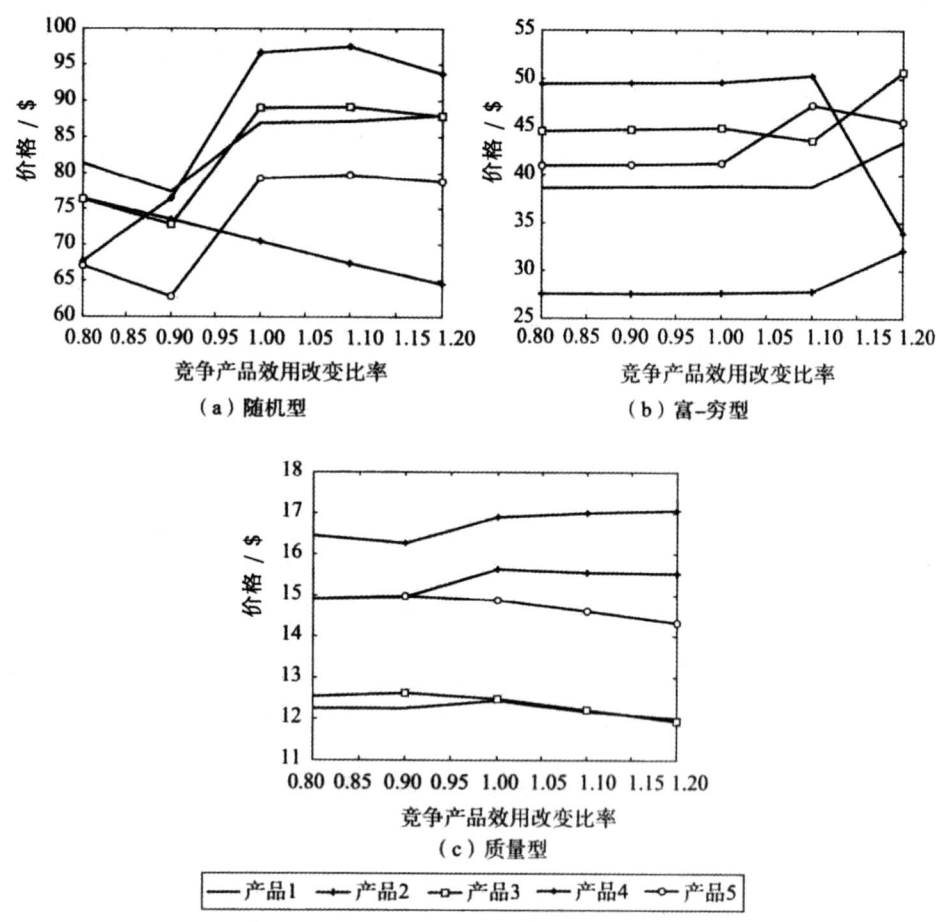

图 2-28 最优价格随着竞争产品效用的变化而变化的情况

图 2-29 描述了最优利润随着竞争产品效用的变化而变化的情况。随着竞争产品的效用增加,"随机""富—穷"和"质量"问题中的利润都在逐渐减少。竞争产品对顾客的效用增加,更加受顾客喜爱。同时,新产品的市场份额下降。最终导致新产品的利润减少。

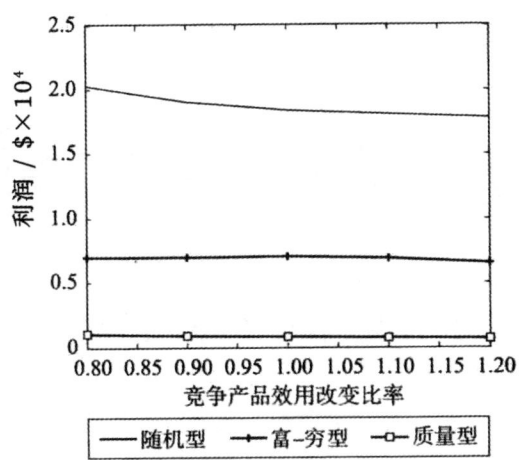

图 2-29　最优利润随着竞争产品效用的变化而变化的情况

四、小结

概率型选择模型是研究顾客选择行为的重要理论基础。本节提出了基于考虑剩余效用的 MMM 的产品线定价模型，同时，理性的消费者不会购买带有负效用的产品，因此负效用思想也被考虑到优化模型中，并通过数值实验研究了三种不同类型问题的产品定价问题，说明了考虑负效用问题的有效性，验证了实验结果与实际的贴合度。在数值实验中，探索了最优解与竞争产品的价格、效用方差、开发成本和竞争产品的效用几个影响因素之间的关系。通过数值结果发现"随机"和"质量"问题的利润和价格都随着竞争产品的价格下降而减少；相反，"富—穷"问题的利润和价格逐渐增加。在"随机"和"富—穷"问题中，利润随着效用方差的增加逐渐减少，而"质量"问题的利润逐渐上升。随着成本减少比率的增加，三种类型问题的利润都上升。随着竞争产品效用的增加，三种类型问题的利润都逐渐减少。数值实验表明，基于 IMM 模型获得的结果是令人满意的，该模型具有较好的适用性。

第三章　运用网络新媒体营销

第一节　社交网络与O2O团购平台营销

一、O2O平台运营

加入O2O平台是现在服务行业网络新媒体营销的最佳解决方案。本部分介绍国内最为著名的两家O2O平台——"饿了么"及"美团"的功能、特点。

（一）饿了么加盟及引流技巧

1. 饿了么概述

饿了么是2008年创立的本地生活平台，主营在线外卖、新零售、即时配送和餐饮供应链等业务。饿了么以"30分钟送达"为使命，致力于用科技打造本地生活服务平台，推动了中国餐饮行业的数字化进程，将外卖培养成中国人继做饭、堂食后的第三种常规就餐方式。

2. 饿了么运营

（1）店铺的基础设置（内容展示）

外卖平台是典型的O2O营销模式，就是借助外卖平台，商家把自己的实体店铺搬到线上，然后用户通过线上店铺进行点餐，自取或等待送餐员配送，从而完成这笔交易。用户所看到的关于店铺的信息内容（包括店铺名、月销售订单、起送价、配送费、送达时间等），都需要外卖商家通过线上店铺来展示给消费者，因此这个列表页内容的传递是十分重要的。

列表页内容的展示直接关系到店铺的访问量和订单量。举个例子，用户打开首页看到店铺的列表页，如果列表页的内容无法吸引用户，用户就不可能点击查看店铺详情，更别说产生订单了。因此，列表页内容的呈现是店铺商家重点运营的部分。

（2）界面内容设计技巧

①便利需求：方便快捷。在设置外卖配送费用和配送时间的时候，站在用户的便利需求角度，用户需求的是方便快捷，因此××元起送、配送费××元、距离××千米、配送时间为××分钟这些细节一定要填写，而且一定要认真填写，具体的费用和送达时间可以参考同行设置的数值，然后再结合自己店铺的实际情况填写。

②口味需求：好吃美味。用什么才能吸引新用户、留住老用户。好吃美味才是刚需。当新用户第一次点击一家，店铺评价是用户对店铺的重要参考，只有用心做好每一餐，服务好每一位用户，店铺的评分才会越来越高，而这个高评分就是店铺吸引新客户、引流的重要途径。

③价格需求：实惠划算。价格需求对于消费者来说很重要。优惠活动对于消费者有一种天然的吸引力，尤其对于新店铺来讲，没有一定的粉丝和老用户的支持，如果想吸引第一批客源，这个时候就需要设置营销活动来引流，比如，满减、新用户首单立减、店铺无门槛优惠券等。

④更多特殊需求：到店自取。作为上班族，中午吃饭时间很短，等待送餐或者在饭店等餐的时间比吃饭花费的时间还要长。有的看见餐厅排队的人多，直接就换下一家。如何解决排队就餐，更加高效地就餐，这时候点一个到店自取的外卖最合适不过了。既能省去排队的时间，又能节省配送费用，取餐的时候还能运动一会儿，锻炼一下身体。如果店铺没有设置这一项服务，喜欢"到店取餐"的这部分用户就会损失掉。

（3）利用好"筛选"功能，抓住更多的客户群体

打开首页，在搜索店铺的时候，可以发现搜索选项中有一个"筛选"功能，

点开这个筛选，我们会发现有以下这两种筛选条件。

商家服务：包括专送服务、准时送达服务、到店自取服务、是否属于品牌商家、是否有食品安全保证认证、是否提供开票服务、是否接受预订。

优惠活动：新用户优惠、特价商品、下单立减、赠品优惠、下单红包、进店领红包。只要是上述内容中能够实现的服务和优惠活动，商家都要在后台进行设置，这样当用户点击这些条件来搜索店铺时，店铺就会出现在搜索结果中，店铺的展现量则要比其他没有设置这些服务和优惠活动的店铺要多得多，有展现才可能有点击，有点击才可能产生订单。

（二）美团加盟及引流技巧

1. 美团概述

美团是一家集餐饮、娱乐、酒店、旅游、交通出行、美容美妆、婚纱婚庆、运动健身、家装家居、培训教育、医疗健康等吃、喝、玩、乐于一体的新媒体综合服务平台。美团的使命是"帮大家吃得更好，生活更好"。作为一家生活服务电子商务平台，美团以"吃"为核心，通过科技创新，和广大商户与各类合作伙伴一起，努力为消费者提供品质生活，推动生活服务业需求侧和供给侧数字化升级。

2. 入驻美团

由于美团是多业务平台，其商家入驻也是多类型的，如美食商家（非外卖）入驻、外卖商家入驻、酒店商家入驻、综合商家入驻等。这里以美团综合服务商家入驻为例介绍入驻美团的基本要求与流程。

（1）美团点评综合商家

营销服务平台，包含休闲娱乐、丽人、KTV、教育、结婚、亲子、医疗、医美、家居、生活服务、鲜花、眼镜等。合作签约上线团单需要交纳相关费用，完成合作申请后，系统会分配营销顾问与商家联系洽谈费用细节或自助签约时展示具体价格。

（2）入驻后效益

①提升销售额：团购立减，优惠促销，吸引新客到店会员营销；免费体验，吸引老客户二次消费。②提升店铺曝光率：评价管理、店铺装修，帮助店主更好地管理店铺信息；精准营销，精准定位客户群，提高店铺曝光率。③帮店铺做好生意：精品课程、前沿资讯、数据分析。

（3）合作流程

完成合作只需三步：第一步，注册账号，手机验证码快速注册；第二步，认领门店，提交资质，须准备门店信息（包含门头图照片，仅支持实体门店），营业执照、法人身份证及手机号，提交后审核预计1～3工作日；第三步，合作签约，根据行业及地区不同可分为销售签约和自助签约，预计1～5个工作日销售会联系商家。

3. 美团运营

（1）发育期

发育期为开店的1～6个月，工作重点在于店铺装修、团单上架、评价、话术准备、购买推广通。

美团点评入驻分不同的等级，普通版的商户通（以前叫旺铺宝）入驻费用低，但功能不完善，如果需要装修店铺，则需要升级到进阶版的商户通。开店只是打开了进入流量池的一扇门，至于能分到多少流量，则要看参团的收割能力。

发育期是养号的阶段，也是磨炼团队、磨合梳理流程的阶段，在这个时期可能会出现很多的问题，但应通过这些错误，不断地完善美团点评从前端到后端的整个过程。磨炼各部门协作的能力，以迎接后续大流量的进入。当流量少时，将所有出现的问题都解决好，不能等大流量涌入时还在解决之前的问题。这就非常考验团队解决问题的能力及执行力，调配合适的人力，做合适的事情，也是这个阶段应该要做的事。

（2）成长期

成长期为开店的 6～12 个月，工作重点在于团单销量、访客数、评价、团队。如果说发育期是从 0 到 1，那么成长期则是从 1 到 10，运营得当的成长期流量会呈现数倍的增长。作为运营负责人，应抓住关键事项，具体执行则让团队成员进行。要明确工作重心，做好关键数据记录分析，并深度思考。

①团单销量：在经历了发育期的不断调整与试错后，需要打造一款稳定的引流产品，价格半年内不应变化太多，同时需要考虑大型电商节"6·18""双11"商品价格等因素，力争在成长期销量可以出现爆发式的增长。销量的好坏直接体现在店铺的在线咨询量和电话预约量上，当这些量明显增加后，对团队的信心会有极大的鼓舞。

还需要注意盈利产品或业绩产品的转化，引流产品只是把用户吸引进来，但是不能流失那些有需求的用户，要通过店内的技术及服务留住用户，从而实现双赢。只引流小项目，而没有大项目的转化是不健康的运营模式，需要及时调整。

②访客数（UV）：一个饭店生意兴隆的表现之一是吃饭的人很多，而对于一个线上店铺而言，做得好的标准之一是访客数，访问的人数越多，店铺会越好。访客数攸关店铺兴衰，作为运营人员一定要关注访客数的变化，在成长期，访客数要比发育期增长很多，但增长之后，尽量不要再让其降低，要么继续增长，要么稳定住。比如，在基础项目很好的情况下，其他项目适当也做些优惠立减，或做些特价拼团秒杀活动，也可做店内活动，吸引对大项目感兴趣的消费者参加报名，从而引导转化。

要注意访问购买转化率，在引流产品未做调整的情况下，注意转化率，如果访客人数增加，但访问购买率出现下降的趋势，这就意味着引流产品的购买可能已经饱和，这时如果再增加推广预算，增加访客人数，其效果不是很大，需要做另外的计划准备。

③评价：优质的评价对于增加用户的信任感及交易的成功率作用极大，在基

于优质服务的基础上，引导用户进行好评，这对于店铺的提升有极大的帮助。毫不夸张地说，店铺的访客数、团单销量、评价，直接决定了店铺的成败。

评价应保持稳中有增，每天至少一条优质好评，引导用户写优质好评需要下一定的功夫。不能为了好评而去找人代写，也不能为了好评而好评，忽视了店内真实存在的问题，好评一定是基于店内优质的服务或技术之上的，如果技术服务跟不上，尽管好评如潮，很多用户被好评吸引到店，结果发现真实感受并不如网上好评说的那样，从而产生怀疑，可能会引发更多的用户进行差评，之前建立起来的信用可能会瞬间"崩塌"。

这个阶段好评需要增量，同时如果有差评，应及时跟店内各部门进行沟通，了解是哪个环节出现问题，进行及时优化跟调整。另外，在成长期，做"霸王餐"也是个不错的选择，在引流的基础上增加评价，不过这个时期需要合理设置"霸王餐"套餐的内容，尽量跟店内沟通完善，确保最大化利用店内资源。

④团队建设：拥有优秀的团队是企业成功的关键，人才始终是最重要的部分，在成长期，面对日益增长的用户，需要有专业、负责的团队，同时团队解决问题的能力也越来越重要。

成长期往往是最容易出问题的环节，外部是日渐增长的用户，内部则是店内的消化承接能力是否可以满足用户的需求。当用户日渐增多，不同的用户需求也不尽相同，如何确保店内接收到的信息与用户一致，则非常考验团队成员的认真、负责、细心程度。

还需建立奖惩制度，出现过失的，需要进行一定的惩罚。工作得出色的，要进行奖励。赏罚分明，才能保证团队成员之间的心理平衡。

（3）成熟期

成熟期为开店 1～2 年，工作重点是稳定、平台大节奏活动、培养成员。当店铺进入成熟期，各项数据趋于稳定之后，店铺要做更精细化的运营，以期获得增长。

①稳定：成熟期需要稳定每月访客数、团单销量、每月线上消费金额、评价增长。在这些数据都稳定的情况下，才能保证美团点评平台的收益不减少。因为成熟期各项数据已趋于稳定，包括投放预算也趋于稳定，所以在其他条件都没有变化的情况下，首先应保证店铺的各项数据也稳定，可以不增，但尽量不要下降。

②平台大节奏活动：做电商平台一定要学会借大势、借大流量，只靠自己的店铺做活动，触及的用户有限。所以要借平台主推的大节奏活动，如常规的"6·18""双11"，以及各平台对不同行业所推的不同活动。需根据自己的行业，主动去看平台有哪些活动适合参加。平台大节奏的活动，在不损害店内利益的情况下，能申请最大优惠尽量申请最大优惠，在大节奏活动中带来的销量增长或流量的增长，是其他任何时期都无法相比的。同时，因为大节奏活动的长尾收益，在活动结束后，对店铺的正向影响也在继续。

③培养成员：在店铺趋于稳定，也无明显的增长点时，团队负责人就应该培养团队的成员，让他们能独立地运营维护美团点评平台。而负责人则应该释放出来，去寻找其他平台，来拓展店铺的收益。对于成员的培养，应基于电商平台运营的本质，让其先掌握最关键的点，再慢慢地从枝干向树叶延伸。

二、Facebook（脸书）营销

Facebook 是全球最大的社交网络平台，是国内跨境电商从业者选择最多的境外网络营销平台。本部分从 Facebook 的概念、电商功能、网络推广方面进行介绍，让学生熟悉如何利用 Facebook 提供的电商功能从事跨境电商网络营销。

（一）Facebook 概述

Facebook 在全球拥有庞大的用户群体，月活跃用户达 30 亿人，日活跃用户达 17 亿人，是全球第一大社交网络，有人比喻 Facebook 为全球最大的国家。越来越多的国内跨境电商商家倾向于在 Facebook 上开设店铺并进行广告投放。

和小红书一样，Facebook 也实现了基于社交网络流量变现的电商模式。在 Facebook 上可以开店铺、投放广告、做引流推广等所有网络新媒体营销。下面就

Facebook 上最为主流的 Facebook Shops 业务入驻及运营操作做一个简单介绍。

（二）Facebook 电商

1. 开设 Facebook 商业页面

商家利用 Facebook 商业页面中包含的商店功能，直接向 Facebook 用户销售产品；或者选择与 Facebook 无缝集成的第三方电子商务平台提供的 Facebook 商店接入选用解决方案。这样都可以使产品发布，销售和订单管理变得非常简单。Facebook 个人账户想要在 Facebook 上实现商品销售或商务运营，需要先建立一个 Facebook 商业页面。

Facebook 商业页面有以下营销优势：Facebook 商业页面很容易被潜在客户在平台上输入关键词找到并被关注，这为 Facebook 博主提供了大量的免费营销机会；商家可以直接从 Facebook 商业页面将产品销售给 Facebook 超过 17 亿的庞大受众群体。

普通 Facebook 用户主页需要添加"店铺版块"才能成为展示商品的 Facebook 商业页面。"店铺版块"指的是添加到 Facebook 主页中的一个功能选项卡，有了店铺版块，商家就可以直接通过 Facebook 主页向大众销售商品。此功能是免费的，非常适合批发商、零售商和电子商务广告主在 Facebook 面向顾客营销。

向 Facebook 主页添加店铺版块功能选项卡的操作如下：

（1）首先，点击"主页设置"，其次，点击"编辑主页"，再次，点击"添加选项卡"按钮，最后，点击店铺选项旁的"添加选项卡"，会在主页看到"店铺选项卡"，点击"店铺选项卡"。

（2）勾选同意《商家条款和政策》复选框，点击继续。

2. 设置交易方式

沿着上面的步骤继续操作，分以下 3 种情况：

（1）Facebook 商务页面在美国境内，可以选择商品交易在 Facebook 支付完成。

①在界面选择"Facebook 结账"，并点击"继续"。

②在界面输入业务的地址和电子邮箱。

③为店铺设置支付收款账户，可以选择 PayPal 或 Stripe 账户。比如，选择在店铺版块设置 PayPal 账户，点击"关联 PayPal 账户"，输入 PayPal 账号，点击"提交"。如果还没有 PayPal 账户，则需要注册一个 PayPal 业务账户。

（2）Facebook 商务页面在美国境内及境外，都可以选择到另一网站支付完成交易。

①在界面选择"到另一网站结账"，并点击"继续"。Facebook 会在向店铺版块添加商品时要求商家连接网站，顾客会被跳转到商家选定的网站完成购买。

②选择想要使用的货币，此货币将应用于所有商品，且无法更改，除非商家删除店铺版块并新建店铺。

③点击保存。

（3）Facebook 商务页面不在美国境内，还可以添加发消息购买，让顾客可以与商家互发消息，详细了解商品。

①在界面选择"发消息购买"，然后点击"继续"，让顾客能够与商家互发消息，了解他们感兴趣的商品。

②选择想要使用的货币，此货币将应用于所有商品，且无法更改，除非商家删除店铺版块并新建店铺。

③点击保存。

3. 添加商品展示

商家可以通过两种方式在 Facebook 商业页面上发布产品：一种是商家在 Facebook 商业页面上传产品数据，并将自己的收款账号接入 Facebook 第三方支付系统，建立线上支付流程；另一种是将自己的网店、网站、博客等第三方电子商务平台上销售的产品通过商品列表的方式导入 Facebook 商店展示。

（1）上传产品到 Facebook 商业页面店铺版块：商家在 Facebook 店铺版块提供的商品编辑界面直接录入商品的文字、图片、视频等详情信息，并选择支付提供商，例如，Pay Pal 或 Stripe。这种方式的优点是不需要添加任何其他网店，只需要在 Facebook 商店发布商品。如果商家售卖的商品数量不多，或者只想通过 Facebook 商店出售，可以选择这种方式；缺点是商家必须手动管理订单，如果是从别的网店系统移动批量的产品就会很耗费精力。

（2）使用电子商务平台发布商品并链接到 Facebook 商务页面展示：用户可以在 Shopify 和 BigCommerce 这类电子商务平台开设店铺，并将商品列表导入 Facebook 商务页面。这些电子商务平台提供强大的商品发布编辑功能、付款方式设置、运费和店铺信息等。这种方式除了节省商品编辑时间，商家还可以在 Facebook 之外的电商平台进行商品销售。但缺点是成本偏高，Shopify、BigCommerce 是付费电商网店平台。

电子商务网店平台提供了匹配 Facebook 商品选项的商品信息，包括商品信息四个关键项，运营和运输管理信息，等等。商品信息的四个关键项如下：

①一套完整的商品详情图。

②详细的产品描述：好的描述应该有销售产品的细节，如尺寸、重量或其他必要的内容。

③产品尺寸和重量信息：在电子商务系统中，可以将这些编号与商家的产品信息一起输入，以便打印准确的运输标签。

④产品编号或库存 SKU 编号：用于跟踪在线商店中产品的编号。

运营和运输管理信息：

①客户服务时间：在客户服务和隐私政策这里列出商家的订单履行时间、退货和隐私政策。

②运费和政策：商家将在商店信息中心设置运费，但有一个页面可以列出，因此客户可以查看运费。

③关于我们：主要讲商家如何开始以及如何走到今天的位置，这是一个品牌机会，并将客户体验个性化。

4. Facebook 店铺版块管理

商家可以在 Facebook 管理界面进行 Facebook 商业页面与电子商务平台网店链接管理。在 Facebook 管理页面，点击"编辑"按钮，可以看到一个列表，这个列表显示当前有几个第三方电子商务平台网店链接到 Facebook 店铺版块。商家可以通过点选不同选项来改变自己 Facebook 店铺版块链接的第三方电子商务平台网店。

在提交操作后，Facebook 会审查提交的网店链接，以确保相关的商品图像和内容符合 Facebook 的相关规范。审核通过后，商家可以在新链接的第三方电子商务平台上添加新产品。

5. Facebook 产品推广

当在 Facebook 商务页面上成功发布产品后，商家可以在平台上快速选择某些产品或类别，通过 Facebook 的帖子和广告面向 Facebook 的粉丝和无数潜在客户进行推广。Facebook 上有很多免费和付费的推广方式，主要包括以下 2 类。

（1）通过常规信息发布方式发布产品、销售和特别优惠等信息。通过将包含特色产品和特价信息的帖子置顶、推送等方式向商家的 Facebook 粉丝推广，并在 Facebook 平台获得推荐流量；主办各类比赛，吸引顾客到产品网页浏览。

（2）精选产品使用 Facebook 广告系列推广。

第二节　短视频营销

一、短视频策划

短视频策划是短视频营销的起点，本部分帮助学生了解短视频营销策划的选题、形式、定位、用户分析、创意等，掌握视频拍摄脚本撰写的技能。

（一）视频号的人设定位

1. 短视频人设定位概念

"人设"即人物形象设定，大多指正面、积极的形象。专业短视频号应该有较为明确的人设定位和较为长远的内容规划和布局，找对方向进行选题策划，这样才更容易创作出精品，吸引精准用户的关注，进而提升用户的黏性。

除了与人设相应的专业化的视频内容，个性化的头像、色调统一的头图，视频主角鲜明突出且固定的造型和服饰搭配，统一风格调性色调字体样式的视频封面，以及语言口音、手势等都是人设定位的一部分。

一般在视频号的人设定义上遵循以下3个方向。

（1）深入专业：专业是短视频用户信赖的基础，视频内容深根专业知识，让用户得到舒适的观看体验的同时内心认可视频号的专业化人设。当用户在潜意识中认可视频号的专业性后，后续的营销目标自然就转变成更为信任而高效的基于人脉推广的软营销。

（2）精准垂直：在专业化方向上不必太宽泛，而应向精准垂直的方向努力。找准方向，专注于一点解决实际问题，更利于把握精准用户的垂直细分类人设，生命力更强，竞争力也更强。

（3）通俗低门槛：人们之所以选择看短视频，而不是去图书馆看专业书，是因为短视频知识的碎片化和通俗化的优势。为了最大限度地推广内容，应尽可能降低专业知识的门槛，将一些枯燥难懂的专业知识以故事情节、案例比喻等方法转变成通俗易懂的短视频来展示。久而久之，视频号或其代表性的角色会成为用户生活导师、朋友的角色。

2. 人设定位风格分类

（1）颜值类：美女、帅哥加才艺表演年轻偶像，定位较为年轻时尚的用户群体，适合通过初期推广形成偶像人设后直播变现。

（2）商品类：美妆、穿搭、好物推荐、商品评测等行业专家，此类视频号专业垂直度高，客户群体定位精确，适合建立专业化人设后，通过直播带货和短视频广告变现。

（3）知识类：生活技巧、歌舞、理财、摄影及各职业技能等才艺名人，客户群体定位主要为知识分子，并在专业领域进一步细分受众，适合通过导流微信或直播授课的形式变现。

（4）科技类：手机、电脑、软件、工具等数码产品爱好者，通过定期发布各类产品使用测评、产品体验视频实现客户裂变，适合与厂商合作直播带货变现。

（5）记录类：Vlog（视频日志）、工作、创业、生活、家庭，个人日常状态等生活达人形象，适合以个性化内容植入产品广告变现。

（6）解说类：游戏解说、电影解说、故事解说、人物解说等，由于其创作成本低，适合入门新手。其内容基本为当前主流热门，因此吸粉量大，但变现能力偏弱是其难以持续性发展的原因。

（7）其他：旅行、体育、萌宠、汽车、育儿、政务、党媒等。

（二）短视频创意

1. 短视频创意的重要性

创意，指对现实存在事物的理解和认知所衍生出的一种新的抽象思维和行为潜能。目前，人们主要通过组合理论、迁移理论、发散思维、类比思维、联想/设问等思维方法设计创意。

各大平台市场并不缺乏短视频内容，而是缺乏创意。只有具有差异性的短视频，才能在市场上走得更远。创意的加入，能使短视频具有差异性，但不能为了创意而去创意，必须根据视频内容的定位、视频号人设的定位和受众人群的定位，从用户思维的角度去思考产品的差异化。这样做出来的短视频才能更加接地气，效果更好。

2. 剧情类短视频创意方法

（1）反差对比效果：不同事物或同一事物的不同时间轴、不同理解层面、不同地理位置等对比的差异程度。

（2）反转意外感：故事情节或情境转换为相反状态，颠覆读者对已知世界的认识。

（3）增加情节的曲折性或戏剧化程度：短视频在有限的时长内增加情节的曲折性或戏剧化程度，可以有效吸引浏览者的注意力，提高完播率。

（4）误会不可控：故事情节为误解误会，或者被曲解而导致的重大后果。

（5）尴尬同情心：陷入尴尬境地无法自拔、困窘时刻。发掘来源于生活中典型的尴尬场面，拍摄成系列的短视频，带给用户发自内心的共鸣。

（6）套路恍然大悟：套路是当前比较具有时代感的名词，被年轻人用来形容精心策划的某种事务处理的方式方法，中了套路者往往后知后觉而懊悔或惊愕。

（7）模仿二次创作：模仿是人类一切学习的开始，在寻求创意的初期可以考虑模仿现有比较成功的短视频创意。例如，街头即兴唱歌、舞蹈等才艺表演这类已有的比较成功的短视频创意形式。但建议在前人的基础上进行一定的二次创作，可增加一些属于自己特点或创新的内容，达到局部创新的效果。

3. 产品短视频内容创意

（1）卖点清晰：卖点清晰是所有产品营销的前提，也是内容创意的目标。再优秀的创意也应该服务于营销目标。因此，在产品短视频中，能清晰表述产品卖点就是最好的创意。

（2）功能故事化：可以考虑将产品的功能故事化，例如，在一档推广中国电信话费的优惠套餐中，短视频营销者策划设计了一个电信手机话费套餐在分与合的关键时间点成全了一对异地恋情侣的故事，主题就是中国电信让爱永不断线。

（3）应用场景：每个产品都会有它的应用场景，短视频营销者可以考虑策划设计描述产品的应用场景的短视频进行产品推广。例如，围绕一款空气炸锅，短视频营销者可以设计空气炸锅在日常生活中用于炸薯条、烤鸡翅、热菜等场景，达到全面介绍产品功能特点的目标。

（4）问题导向：先抛出一个问题，再提出解决方案。这种以问题为导向引导用户一步步地了解某件事物的方法经常在营销视频类广告中出现。

（5）适当对比：在视频中适当插入营销产品与友商同类产品的性能效果比较，可以让用户更为清晰地了解产品的性能优势。

（6）植入情感：将产品拟人化或针对某款产品发生的故事植入情感，可以有效地勾起用户的情感同理心和共鸣。例如，某款珠宝产品，通过植入子孙后代对上辈人的怀念和传承的情感来表述珠宝类产品保值传世的功能特点。

（7）提升立意：将产品与一个更高层次的立意进行捆绑，可以有效提升产品的格调或消费层次。例如，策划某汽车品牌关爱自闭症儿童自驾游活动，从而将该汽车品牌打上公益慈善的烙印。

（三）内容定位及短视频选题

1. 内容定位

在确定了短视频号的人设定位后，需要根据目标群体及视频号营销目标来确定短视频内容的构成与表现形式，最后落实到每一条短视频内容的选题。

（1）目标群体决定内容构成：短视频的内容是根据账号的目标客户群体来定位和制作的，不同的客户群体喜欢不同的内容，不同的内容会吸引不同的客户群体。

（2）营销目标决定内容形式：短视频运营一般对应不同的营销需求，主流营销需求有积累粉丝、个人兴趣、产品展示、直播带货、知识与品牌传播，不同的营销需求决定了短视频内容的主题、展现形式、传播方式途径。

2. 短视频选题

前期做好选题规划，不仅可以保障后期持续性的视频输出，提升用户的黏性，而且更容易出精品内容和爆款视频，吸引到更多精准的粉丝用户。下面通过选题的方向、选题的原则、选题的维度、如何搭建选题库，以及选题时的注意事项这几个方面介绍短视频选题。

（1）短视频选题方向：做短视频创作选题方向大概分为14种，不同的选题方向对应不同的粉丝量、变现值，以及不同的运营机制。

其中，剧情、娱乐、影视、生活、商业类占据大部分的内容领域，也比较容易出现一些头部大号，这些类别解决了大部分人群的八小时工作中遇到的问题和八小时工作时间外、生活中的消遣问题。

财经和健康方向比较特殊，平台都会要求这两个方向的创作者有相关行业资质才能进行内容创作，比如，财经方向内容要求有证券从业资格证等，健康方向要求是三甲医院以上的医生资质。短视频创作者可以根据表3-1的方向将内容知识化，用知识价值的传递来达到内容输出和传播的目标，即内容就是价值，内容就是产品。

（2）短视频选题原则：短视频选题的时候一定要掌握好的三个选题原则：

第一，用户导向。选题内容要坚持用户导向，要先考虑到用户粉丝的喜好和痛点需求，以用户粉丝需求为前提。往往越贴近用户粉丝的内容越能够得到他们的认可，获得更高的完播率。

第二，注重输出价值。选题输出的内容对用户粉丝有价值，满足用户粉丝某些方面的需求，解决用户粉丝的需求痛点，才能使用户粉丝有传播的欲望，触发点赞、评论、转发等用户社交网络行为，达到内容的裂变传播。

第三，选题与定位的匹配。选题要和视频号的人设定位、内容定位匹配，内容构成具有垂直度，提升视频号人设在专业领域的影响力，更好地塑造IP，吸引精准的用户粉丝，提高用户粉丝的忠实度和黏性。

（3）短视频选题维度：短视频选题应沿着以下五个维度设计。

第一，是否热门。选题的内容，是否为用户粉丝的需求和痛点相关的热门话题，迎合用户粉丝的高频关注点，才能引发更多播放量。

第二，难易度。创作者应该考虑选题后短视频的制作难易程度，团队的创作能力是否能够支撑起选题背后内容生产和内容运营成本。

第三，差异化程度。在短视频的每个选题方向都有不少的竞争账号，可以说，目前热门的主题区域均是红海一片，甚至一些垂直细分领域已经有了许多头部大号。短视频创作者应该准确地找出自己的视频号内容与竞争账号的差异化切入点，从选题上增加用户粉丝的差异化识别。

第四，视角。选题的视角不同会给用户粉丝带来的感受差异巨大，同样也会影响到短视频内容的受欢迎程度。

第五，行为成本。选题内容是否能够让用户粉丝一看就知道，一学就能会，并且会不由自主地做出视频营销者预期的用户行为。

表3-1 短视频选题方向表

选题方向	知识内容
剧情类	搞笑段子、恶搞、街坊、故事
娱乐类	才艺、明星、艺人、星座
影视类	影视解说、影视混剪、综艺
生活类	情感、美食、穿搭、化妆、母婴、健康
新奇类	技术、手艺、探索
文化类	国学、哲学、历史、国风、二次元
商业类	人物、故事、解说、技能
资讯类	新闻、行业、地域、时事
"三农"类	农村、农民、农业
科技类	科技评测、数码、科技实验、黑科技、科普
军事类	军事新闻、军事解说、武器、军事历史
游戏类	竞技游戏、网络游戏、创意游戏、游戏解说
宠物类	宠物表演、宠物日常
体育类	体育赛事、赛事解说、赛事新闻

（4）建立短视频主题库：创作者建立短视频主题库，并且根据网络热点的变化不断地更新维护主题库，可以更好地持续性生产视频内容，主要要建立以下三种主题库。

第一，爆款主题库。爆款短视频必定是由当前最为热门的网络话题而产生的。

根据各大热播榜单，比如，抖音热搜、微博热搜、头条指数、百度指数，以及其他新闻门户、社交网络平台的各类热度榜单建立爆款主题库。掌握热点话题，熟悉热门内容，选择合适的角度进行选题创作和内容生产，热度越高的内容选题越是容易被各类平台推荐，并吸引用户的观看兴趣。

第二，日常主题库。建立一种日积月累的主题库规则，长期收集身边的人、事、物，每天接收到的外部信息，通过专业性、资源性、价值性三个维度筛选整理到日常主题库中。

第三，活动主题库。迎合节日类活动，可以提前布局选题，建立活动主题库。比如，中秋、国庆、春节、情人节等大众关心的节日话题，其他活动选题来自各短视频平台，平台官方会不定期地推出一系列话题活动，迎合平台导向参与平台话题活动，可以得到流量扶持和现金奖励。

（四）短视频脚本策划

1. 短视频脚本概述

想要拍出一条能引发流量爆点的短视频，少不了一个优秀的短视频脚本。短视频脚本是拍摄视频所依靠的大纲底本，对于一个短视频拍摄团队来说，写出一篇完整的原创小视频脚本是基本技能，如果没有视频脚本是无法拍摄出优秀的短视频的。

2. 短视频脚本的类型与形式

短视频脚本分为拍摄提纲、分镜头脚本和文学脚本三类。短视频脚本表现形式分为纯文字类、图文并茂类和动态类。

（1）拍摄提纲：拍摄提纲是指短视频拍摄要点，包括拍摄单元、提纲内容、时长、注意事项等（见表3-2）。拍摄提纲只对拍摄内容起到提示作用，适用于一些不易掌握和预测的内容。拍摄提纲的写作一般包括以下六个步骤。

第一步，明确短视频的选题、立意和创作方向，确定创作目标。

第二步，呈现选题的角度和切入点。

第三步，阐述不同题材短视频的表现技巧和创作手法。

第四步，阐述短视频的构图、光线和节奏。

第五步，详细呈现场景的转换、结构、视角和主题。

第六步，完善细节，补充剪辑、音乐、解说、配音等内容。

表 3-2 拍摄提纲示意表

序号	拍摄单元	提纲内容	时长/秒	注意事项
1	片头导入	设计青春激情的视频题目展现形式	3～5	
2	健身房场景	拍摄健身房如火如荼的健身场景	5～10	要拍出专业性
3	主要人物出现	一男一女健身爱好者的相遇	15～20	
4	剧情反转	女人轻松举起男人举不动的杠铃	10	
5	高潮结尾	男人被女人单手拎走	3～5	要拍出男人反抗

（2）分镜头脚本：分镜头脚本既是前期拍摄的依据，也是后期制作的依据，同时可以作为视频长度和经费预算的参考（见表 3-3）。分镜头脚本主要包括镜头号、景别、运镜头、画面、内容、声音、人物、台词、时长等内容，具体内容要根据情节而定。分镜头脚本在一定程度上已经是"可视化"影像了，可以帮助制作团队最大限度地还原创作者的初衷，因此分镜头脚本适用于故事性强的短视频。

（3）文学脚本：文学脚本需要创作者列出所有可能的拍摄思路，但不需要像分镜头脚本那样细致，也不需要明确地指出演出者，只需要规定人物需要做的任务、说的台词、所选用的镜头和整个视频的时长保持一致即可。文学脚本除了适用于有剧情的短视频，也适用于非剧情类的短视频，如教学类视频和评测类视频等。表 3-4 是一个剧情类短视频。

表 3-3　分镜头脚本示意表

镜头号	录别	运镜头	画面	内容	声音	人物	台词	时长/秒
1	远景	推	设计草图	健身房所在大楼、品牌	背景音乐			3
2	全录	拉	设计草图	几位年轻人正在健身房健身	健身者呼吸、吼叫、各类器械设备碰撞	甲、乙、丙		5
3	近景	推	设计草图	两位健身爱好者	语言对话	甲、乙	我们比赛重量	10
4	特写	转	设计草图	男人举杠铃、女人举杠铃	呼吸、器械声音	甲、乙		5
5	远景	拉	设计草图	女人拎起男人	背景音乐	乙		5

表 3-4　文学脚本示意表

景别	画面	台词
全景	中年男子推开门,步态疲乏,看到 3 岁儿子坐在沙发上,手里拿着两个苹果	
近景	中年男子坐到儿子身边,微笑着说:"爸爸肚子饿了,给爸爸一个苹果好不好?"	爸爸肚子饿了,给爸爸一个苹果好不好
特写	儿子看了一眼爸爸,把两个苹果都咬了一口	
近景	中年男子脸上的笑容逐渐消失,叹了一口气,准备站起来	哎
特写/全景	儿子把其中一个苹果递给中年男子	这个甜,给爸爸
近录	中年男子笑着抱起了儿子	我的好儿子,谢谢你

(五)数据分析用户

1. 用户画像

用户画像是建立在一系列真实数据之上的目标群体的用户模型,即根据用户的属性及行为特征,抽象出相应的标签,拟合而成的虚拟形象,主要包含社交属性、消费属性、社会属性、商业属性及心理属性。用户画像是将一类有共同特征的用户聚类分析后得出的，并非针对某个具体的特定个人。

用户画像分析是短视频创作者进行创作的第一要务。用户画像是真实用户的虚拟代表，是建立在一系列真实数据之上的目标用户模型，简单来说，就是把用户信息标签化。建立用户信息数据库。

2. 使用第三方平台工具进行数据采集分析

（1）飞瓜数据。飞瓜数据是短视频领域权威的数据分析平台，为抖音、快手、B站等平台做数据分析，其数据分析包括热门视频、热门音乐、热门素材、热门话题、播主查找、数据监控等。

在飞瓜数据平台中，可以清晰地了解到播主直播中的礼物收入、送礼人数、弹幕人数、礼物收入、人气峰值、弹幕条数的趋势走势图，可以直观地了解到直播观众的画像数据。

（2）短鱼儿。短鱼儿高效便捷地管理抖音账号，了解抖音账号增长趋势，进行数据分析，追踪短视频热点，助力短视频高效创作、运营及精准营销。

（3）TooBig Data。TooBig Data是一个致力于分享各种社交媒体数据的平台，通过官方的数据爬虫可以获取国内各大知名媒体的数据资料，如微博、豆瓣电影、淘宝众筹、抖音等。

（4）卡思数据。卡思数据是国内权威的视频全网数据开放平台，依托专业的数据挖掘与分析能力，为视频内容创作者在节目创作和用户运营方面提供数据支持，为广告主的广告投放提供数据参考。

3. 建立用户人群画像

根据短视频号销售的产品属性（商品类别、客单价）和视频号的人设定位（人设特色、视频领域），收集分析以上平台相关数据，制定用户定位信息数据（性别、年龄、职业、兴趣、地域、消费能力等），实现人群画像。

（1）分析产品与用户人群画像（见表3-5）。

表3-5 产品—用户人群画像模板示意表1

模板	数据项	详情
销售产品	名称或类别	年轻女装
	客单价	200～500元
人群画像	性别	女
	年龄	18～30岁
	职业	大学生、职场女性
	兴趣	网络追剧、美食、穿搭、旅游
	地域	一、二线城市
	消费能力	4 000～8 000元

（2）分析账号人设优势与人群画像（见表3-6）。

表3-6 人设—用户人群画像模板示意表2

模板	数据项	详情
打造人设	人设特色	年轻时尚女性
	视频领域	情感、时尚生活、穿搭
人群画像	性别	女
	年龄	18～30岁
	职业	大学生、职场女性
	兴趣	网络追剧、美食、穿搭、旅游
	地域	一、二线城市
	消费能力	4 000～8 000元

二、抖音运营

抖音是当前短视频平台的代表。本部分着重分析抖音账号的权重和养号、引流规则、内容制作规范及技巧、抖音企业号等，帮助学生掌握抖音运营的基本技能。

（一）抖音账号的权重和养号

1. 抖音账号权重概述

所谓抖音账号权重，即抖音账号的内在测量数值，它会直接影响该账号发布作品的推荐量,从而影响曝光度。也就是说,抖音账号权重越低,则该账号发布作品推荐量越少,曝光机会少,则该账号很难增加粉丝;反之,抖音账号权重越高,则该账号发布作品推荐量越多,就更容易吸引关注。当视频号连续发布7天视频后,观察视频号的流量状况,根据表3-7进行判断处理。

表3-7 视频号权重等级表

播放	账号权重等级	处理办法
低于100次	僵尸号	重新做账号
高于200次	健康账号	养号、输出优质内容
200~1 000次	粉丝没有增长	更换视频内容
	粉丝增长、点赞	养号、输出优质内容
1 000~3 000次	待推荐账号	蹭热点、输出优质内容
播放量上万次	待上热门账号	蹭热点、输出优质内容

2. 养号前注册抖音账号准备

(1)准备一个手机号,最好是被很多人存过号码的,如果没有,新号码就尽快发给一些抖音用户,让其将号码存入通信录。

(2)准备一部有通信录的手机,这部手机可以是新手机,但是一定要导入一份通信录,人越多越好。

(3)注册今日头条号,浏览咨询点赞阅读。

(4)使用手机号注册微博、QQ、微信,从价值角度看,头条号>微博>QQ>微信。

3. 抖音养号

抖音新账号会有流量扶持,视频内容符合规范的前提下,70%的初始账号能获得500播放量起步扶持。因此,可以通过养号增加账号权重,定位精准标签人群。

养号增加账号权重,每天总时长至少1小时,关注20个左右达人号或同城少粉丝号。

(1)养号第1天:允许抖音访问手机通信录,并根据抖音从手机通信录里的推荐，关注一些朋友，然后去浏览他们的抖音号；在抖音里查找同类型的抖音号，关注2～3个同类型比较火的抖音号；对于抖音推荐的短视频多看；在抖音的同城视频中选择同类型的视频点击浏览，但是在这些观看的过程中不要点赞和关注。刚注册的新号不要做内容改动，也不要修改账号的基本资料。

（2）养号第2天：进入抖音的个人基本资料设置窗口，根据最初的账号定位、人设，完善账号资料；在抖音中通过推荐、同城、热搜三个渠道选择同类型账号关注，给这些账号内的相关视频点赞、评论；刷抖音热搜选择同类型的抖音直播进入直播间。

完善账号资料时需要注意以下6点。

①头像名称：可以突出人设概念或品牌+领域，背景图可以放适合人设的图片。

②抖音号：粉丝量没有10 000人之前，暂时不要修改，后续可以改为微信号。

③个人签名：不要含有明显推广信息，分享生活，塑造IP。

④一个身份证只能实名认证一个抖音号。

⑤资料填写越完善，账号权重越高。

⑥绑定第三方平台，如今日头条。

（3）养号第3～4天：重复第2天的操作；2～4次登录退出，合计在线1小时；点赞、评论、看同城、观看直播。

（4）养号第5天（判断要不要发布作品）：当发现抖音账号首页推荐90%是同领域内容；抖音投放广告位出现同行广告；相似领域推荐账号；抖音账号有粉丝，权重高。这时可以考虑在新号中发布准备好的短视频了。

（5）第一次发布作品：一天内不同时间段发布5个视频，视频统一类型、风格、形式，可以在前后视频设置链接，新账号可能会被人工审核（账号资料不要涉及广告信息，不要连Wi-Fi）。

（6）日常养护注意事项：

①发视频期间，同样需要养号。

②日常观看，给同类型、喜欢的内容点赞，自由行为，观看一些直播间。

③已经发过一些作品，没有观看量的，不要删除，隐藏即可。

④不要做敏感性操作、违规行为。

⑤不要持续点赞、删除、评论、关注。

⑥关注同领域，同目标人群的账号，评论互动，保持账号真实活跃。

（二）抖音引流

1. 抖音最常见的三个流量入口

抖音手机端最为明显的三个流量入口分别是推荐页、关注页、同城页。

（1）如何上推荐页：打开抖音进入默认的就是推荐页，大部分的视频流量都来自推荐页。浏览者会看到很多推荐的视频，这是基于抖音的推荐算法来推荐给浏览者的。对于看到有兴趣的视频会点击进入观看；对于喜欢或有同感的视频浏览者就会点赞、评论、转发；如果不喜欢这个视频，就会选择划过视频。

发布的短视频如何上抖音推荐页，关键就是提升播放量。下面介绍四个帮助提升播放量的方法：第一，保持稳定地更新；第二，坚持高质量的原创内容产出；第三，视频内容最好有独特的个人风格且与视频号定位一致；第四，积极在评论区与粉丝互动。

（2）如何上关注页：视频号如果关注了20个同类账号，那么系统就会把这20个账号最新发布的视频展示在关注页最上方，同时也会产生大量的流量。所以，发展更多的粉丝关注可以带来更多流量，吸引流量的方法有以下5种。

①视频号内容吸引粉丝，关注视频号能获得价值。

②告知粉丝和所有浏览者视频号的更新频率及时间。

③内容丰富，持续创作粉丝喜欢的内容。

④领域垂直，专注于专业领域内容创建，提高粉丝黏性。

⑤设计各类获得，提升互动，有利于获得新粉丝关注。

（3）上同城页有以下 3 种方法。

①在封面和标题上凸显城市信息，在第一秒抓住同城用户。

②无论是短视频，还是直播，都要打开"位置定位"。

③创作本地新闻、同城美食、同城娱乐等具有强烈本地属性的内容。

2. 抖音平台引流技巧

（1）打造个人 IP。打造个人 IP，做垂直原创视频，靠优质内容获得高曝光，让用户喜欢并关注是最好的抖音引流方式。也只有这样，后期变现才有极大的空间。但抖音吸粉引流的前提是明确视频号对应粉丝的用户画像，然后根据粉丝标签、画像来进行内容定位。比如，美妆类产品视频号，可以通过发美妆技巧、美妆产品的使用方法等去吸引有相关需求的潜在客户。

（2）评论引流：根据抖音平台智能推荐流量算法，除完播率、点播率、点赞率、转发率这些主要指标外，粉丝留言评论、粉丝互动也是引流的重要依据，因此保持高互动性就是评论引流的关键，而抖音视频也要有互动性。这里的互动性不仅包括视频内容能引发读者共鸣，还包括激发读者阅读后开心、悲伤、愤怒、认同、归属等的情绪、心理，使读者看完后能愿意点赞、评论或转发。只有视频内容有互动性，才能引发更多用户的关注。

（3）线上结合线下引流：除了线上互动引流，抖音还可以进行线下引流。抖音短视频的火爆，让海底捞、答案茶、CoCo 奶茶等线下门店生意火爆。在抖音界面，抖音企业蓝 V 可以认领 POI 地址，认领成功后在 POI 地址页可以展示对应企业蓝 V 号及店铺的基本信息，并且支持电话预约，从而为企业提供更多信息曝光和流量变现转化的机会。通过在实体店设计 O2O 活动，鼓励粉丝在线下消费时参与抖音号的线上互动活动，从而将线下流量反馈到线上。

（4）"DOU+"助力："DOU+"属于付费流量，适合不想花太多时间在视频拍摄制作上的抖音号主人，也适合需要锦上添花获取更多曝光助力的优质视频。

当发现视频没有被系统推荐给更多人,那么就可以用"DOU+"功能助力增加推荐量。用"DOU+"助力前,可以设置兴趣人群,推荐给相关的目标人群观看。"DOU+"不仅可以给自己的视频助力,还可以给别人的视频助力。

(5)投放信息流广告:信息流是近两年兴起并深受欢迎的一种互联网广告形式。这种方式和"DOU+"一样属于付费流量,就是在视频流中以原生态的方式植入广告。这种方式具有非强制性、不打扰用户、用户乐于接受的特点。信息流广告可以针对人群、兴趣、地域等多个维度进行标签设置,从而把品牌、产品呈现给精准人群。

第四章　市场营销标准化管理

第一节　客户管理标准化

一、客户管理标准化内容

客户管理作为营销的一环，就是要在制定业务的销售目标后，对现有客户和潜在客户进行信息数据和行为数据的描绘，制定出目标客户的画像，列出目标客户清单，客户清单列出后进行客户清单盘点，通过兰彻斯特法则，确定客户分层、分级、分类等管理维度，比如客户实力大小、销量多少、产品占比多少、采购的潜力值等，通过多维度区分出客户的结构。

有了客户的结构，对比销售目标，设想出如果要完成销售目标，各层、各级、各类的客户占比多少。这时就需要结构优化的计划。在各层级、各类的客户中，对比现状的差距，企业需要增加多少客户，要怎么去开拓，企业应根据问题制定客户开拓计划。

有了存量客户的盘点，有了新客户的常态化开拓，就有了客户数据的存档，也就是客户池，我们要做好客户池的建设，这样才能随时调用客户数据，做好客户分析，制订客户维系和开拓计划，才能做好客户的标准化管理。

进入数字化营销时代，不少企业已经建立客户数字档案或客户关系管理系统（缩写为CRM），运用系统存储客户档案信息，通过客户数据化的分析盘点，可以自动化生成客户分析结果，比如客户分层分级比例、客户区域分布、消费时间段。与传统的客户清单相比，客户关系管理系统更先进、更智能，还能集成其他的系统，如订货系统、网上商城等，进行同步信息更新。通过销售漏斗了解客户交易的进度，通过消费行为进行产品分析，进而帮助营销人员快速做好销售分析结果和制定营销策略。

案例1：某通信运营商对客户关系管理（CRM）系统的运用

某通信运营商运用客户关系管理（CRM）系统对新用户进行全周期管理，从用户开卡的基本资料登记开始，以便以后在联系用户时能核实基础信息，确保用户身份的真实性。运营商会根据每月固定费用套餐设置基础的信用额度，以便欠费时不会立即停机，同时根据消费或合约套餐设置用户会员等级，享受VIP客服经理的服务。使用3～6个月内，该通信运营商会根据用户消费是否异常进行使用关怀，推荐合适的增值业务或更适合的消费方案。在使用量下降时，该通信运营商也会对用户进行使用关怀，有停机风险时进行预警，提醒客户经理进行维系挽留。

运用客户关系管理（CRM）系统进行用户管理，能有效保存用户的信息，在用户的信息数据和行为数据中，系统还可自动刻画相应的客户画像，对用户画像进行有针对性的消费分析和政策匹配。通信运营商可以通过客户关系管理（CRM）系统，对公司内部的客服经理自动化匹配服务任务，对用户的消费及离网行为进行干预。客户服务部回访收集用户意见和建议，改善企业内部的工作流程。市场部门根据客户关系管理（CRM）系统的数据，有针对性地对部分客户进行套餐和增值业务的研发。网建部根据前期对该区域的规划和用户提供的信号盲点信息，进行信号增强或基站建设的计划。

在客户关系管理（CRM）系统中的客户管理，通信运营商可以根据用户数据的变化进行分类分级，对高级别的客户进行VIP客户服务管理，由受过专业培训、服务能力强的专职客服经理进行客户生命周期管理，配合市场活动定期邀约客户参加主题沙龙活动，定制高端商旅服务，对合约客户定期进行终端推荐，保障顺利续签，维系并挽留高消费、重要的客户。

功能如此强大的系统是基于合理的业务逻辑运行的。只有客户管理标准化，才能在客户量不断增多的情况下，减少人为因素导致的客户流失概率，对增强客户黏性、提高客户满意度大有帮助。在客户关系管理（CRM）系统支持下，数据的可视化不但极大地降低了人工分析的成本，也提高了数据分析的准确性，客户管理变得有章可循。

只有服务好客户才能带来销量，企业应把客户管理标准化、系统化、自动化。

二、通过客户画像界定目标客户

以前企业很少分析、描述目标客户的特征，甚至连目标客户是谁都模糊不清，这就会影响到日常营销对客户的理解，继而影响营销的策略和销售的步骤，最终影响营销目标的达成。

客户画像就是勾画目标客户，将客户诉求与设计方向有效连接的工具。就好比一幅素描画，需要勾勒出它的轮廓，然后再用信息和行为的数据来丰富它的形态。

客户画像基于真实的客户，却又不是一个具体的人，根据目标客户的多维度属性，迅速提炼出一类客户画像。这类客户有什么样的共同点，他们的经营单元的信息是什么，有什么消费习惯，要把他们这些属性提炼出来。

但只有一个客户画像是不够的，所有产品又不是只卖给一种客户，所以一个产品需要4～8种类型的客户画像。

可以把这种类似素描画需要勾勒的轮廓分成两种类型，一种是信息数据，另一种是行为数据。

信息数据包括性别、年龄、身高、体形，还包括教育程度、婚姻状况、家庭收入和家庭住址等，其中就包括个人信息和经营单元的信息。有些客户是以家庭为单位，必须得把这些信息数据纳入进来。

行为数据包括购物频度、消费水平、信用，还包括搜索习惯、运动和兴趣爱好等。

除了了解个人信息和经营单元的信息，更重要的是要了解客户习惯于做什么事情，他的行为规律有哪些。例如，有些人特别喜欢吃夜宵，吃夜宵就是一种消费习惯，当他们消费时就会产生数据，比如消费频次是一天一次，或者每周2次，每次是晚上10点后，而在消费金额上，比如一个潮汕海鲜砂锅粥是80元，整体下来包括啤酒在200元以内，这就是消费水平。

信息数据和行为数据会随着时间推移而动态改变，比如信息数据中人的体态，是变胖还是减肥成功；比如家庭成员多了一个宝宝，这就造成经营单元结构性变化。行为数据也会随信息数据改变而改变，家里消费奶粉和纸尿裤的比例提高，消费额度直线上升，这时，客户的压力可能随之增大，因此，需要一天至少出门一次释放压力，这样运动量就增加了。要学会动态来看目标客户的客户画像，继而调整营销策略。

案例2：零牌顾问机构客户画像

零牌顾问机构以正式的客户画像指引具体营销工作，主攻目标客户，带动一般客户，追求高质量的客户开发，保证营销效率。

零牌顾问机构将客户画像分为管理咨询业务和培训业务两种。关于管理咨询业务的客户画像，信息数据是时代性行业，符合零牌区域规划，营业收入在20亿元以上。其中，以营业收入30亿元以上的客户为主攻客户，这些客户都在快速成长中。行为数据是有明确的战略，有清晰的痛点或者兴奋点，包括经营绩效方面的、系统建设或者人才培养方面的，有年度计划和项目预算。

关于培训业务的客户画像，信息数据是时代性行业，符合零牌区域规划，营业收入在3亿元以上。行为数据是成形的培训体系，有年度培训计划和培训预算。

三、用掐尖法制定目标客户清单

营销的价值在于增量。营销具有感知市场风云变化、晴雨雷暴的战略性职能，是市场排头兵，肩负着企业的未来。

企业需要的是建设战略性的营销体系，而不是仅依赖优秀的个人和丰富的经验,是团队作战,是组织作战。建设战略性营销体系可以减少对老板和金牌业务员的过度依赖,提高组织和团队的营销力,加速资金流动和资金增值,确保企业可持续经营。

除了客户画像,还可以用目标客户清单界定目标客户。目标客户是企业的产品或服务的对象。我们谈目标客户,就是要把对增量的有限资源,集中用到最有效的客户群体上。

制定目标客户清单,是营销标准化的起点,市场拓展七法包括:掐尖法、行业法、地域法、跟随法、标杆法、集团法、供应链法。

(一)掐尖法

企业通过制定客户画像制定目标客户清单,利用信息或行为数据的条件排序方法,直指最靠前的客户群体,得出针对性的目标客户清单进行拓展。

(二)行业法

企业在相关行业内对客户进行基准对比,或者对行业外相似项目在不同企业中进行比较,列出清单进行拓展。

(三)地域法

企业行政区域划分目标客户群体,或者通过产品划分客户区域,或者通过客户某种特征划分,用地图的方式列出作战式的目标客户清单,在当地树立客户标杆,辐射周边客户。

(四)跟随法

以行业内外相似项目的企业作为样板,模仿对方的目标客户清单。

(五)标杆法

以上四种方法都基于标杆法,即企业通过对客户成功模式的筛选,找到最佳目标客户,对行业内客户进行拓展,对地域进行辐射拓展,跟随竞争对手进行客户拓展。

（六）集团法

在企业内进行纵向和横向的拓展，对企业总公司、各部门、子分公司进行拓展。

（七）供应链法

对客户的供应链上下游进行拓展，比如上游的供应商及下游经销商、客户群体。

最常见的是掐尖法，它可以最有效地锁定目标客户，减少营销成本，集中精力，提高对客户营销的有效性。在实际应用的过程中，有多种方法综合应用的情况，比如企业采用供应链法和地域法结合开拓市场，用标杆法影响周边其他客户的采购决策。

案例3：新开发市场要选择既有实力又"情投意合"的经销商

某公司区域营销人员小张进入新开发的市场，不知如何开拓市场，尤其公司的产品在这片区域内还没有品牌宣传，零客户基础，而且公司只派他一名业务人员过来。怎么把有限的精力投入有效的客户开拓工作中，成了类似小张这样的业务人员的难题。

大区经理老李给了小张一个建议：你要有计划地把区域划分成片区，在各个片区中，从产品使用者那里得知竞争对手产品购买的渠道，再从产品购买的零售商那里得知当地的经销商的信息，走访完当地的经销商，就可以进行经销商的筛选，优中选优，尤其是要找对我们品牌认同的经销商，我们要找"情投意合"的客户。

老李给的建议当中，就是先用地域法画地图，将市场分类、分时段设置开拓计划，从客户摸查到零售商，再从零售商摸查到经销商，运用供应链法找到最终目标客户。

小张听取了老李的建议，经过两个月的市场摸查和客户筛选，拜访经销商和实地走访零售商，经过多方面的调研，终于在一个区域里找到了合适的实力经销商，开启了区域市场的营销工作。

但是只有一个区域是不够的，小张计划在其他区域用同样的方法进行客户拓展，以达到市场辐射的效果，然而现实中的工作并没有那么顺利。

老李给了小张第二个建议：把一个区域做强做大，树立标杆。小张又用一个月的时间，与经销商一起走访零售商，了解本地市场信息数据和客户的行为数据，参与经销商团队对营销策略方面的制定，制作出适合本地市场的营销方案，并策划组织了一场别开生面的订货会，在当地刮起主打产品的订货风潮，经销商在小张的帮助下，一个月内完成了以前三个月的销售目标，打开了该区域的市场。

其他区域的经销商听闻小张组织活动，纷纷主动与小张联系，约小张面谈合作事宜，小张成功完成了区域市场开拓的任务。

小张首先用地域法划地盘、分市场，用供应链法找目标客户并筛选目标客户，再用标杆法树立口碑，从而打开市场。

四、用兰彻斯特+ABC法则规划理想的客户结构

兰彻斯特法则的创始者是出生于英国的技术工程师兰彻斯特，他原本是一名汽车工程师，在他作为奔驰汽车公司的顾问时，他开始研究飞机，强烈的好奇心和学习力促使他成为一名伟大的航空工程师。他对螺旋桨的研究，促使他对实际空战的数字产生兴趣，几架飞机对几架飞机的战斗结果如何这个问题使他更进一步地去收集各种地上战斗的资料，以探索兵力的变化和损耗量之间是否具有某种联系。这便是兰彻斯特法则的由来。

兰彻斯特法则分为第一法则（单兵战斗法则）和第二法则（集中战斗法则），而由这两个法则的观念，再导出弱者的战略（第一法则的应用）和强者的战略（第二法则的应用）。

第二次世界大战之后，兰彻斯特法则被逐步延伸到营销战略管理中。它不仅是有效的营销管理法则，在商品战略、市场规划、流通渠道等方面都有较大的实用价值。

回到客户目标清单上，当用兰彻斯特法则时，实际上也是用掐尖的战术，力量和资源的平均化使用在企业经营中是要避免的，在激烈的市场竞争中应该扬长避短，力争在局部环节和领域建立相对优势。在客户规划上也是一样的，用在客户上的资源要有侧重。

可以用兰彻斯特+ABC法则（图4-1）规划理想的客户结构并分析两个维度，一个是客户的规模，另一个是本公司的产品在客户公司的占有率。

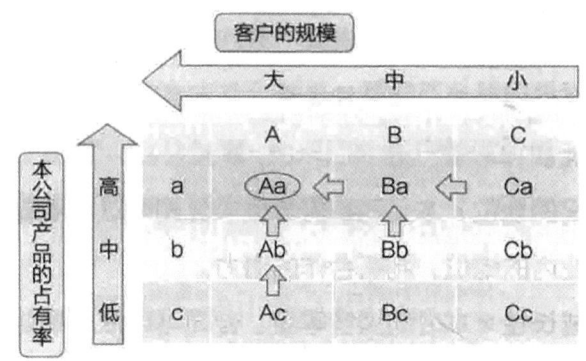

图4-1　ABC法则应用

当客户规模大，本公司产品的占有率高时，称为Aa客户，即理想客户。

当客户规模中等，本公司产品的占有率高时，称为Ba客户，即重点客户。

当客户规模大，本公司产品的占有率中等时，称为Ab客户，即发展客户。

……

规划客户就是要把Ca、Bb客户发展为Ba客户，把Ac客户发展为Ab客户，把Ab、Ba客户最终发展为Aa客户。

很多人会问，客户的数据并不是开放的，不像自己公司可以轻易提取数据，要是不知道本公司产品在客户公司的占有率时该怎么办？

首先，客户购买本公司产品的销售量是可以提取的，可以根据销量进行分级。

当无法知道本公司产品在客户公司的占有率时，可以按照以下维度进行评估。

客户端规模 × 本公司销售等级。一般规模越大的企业，合作的潜力越大。

本公司的地位 × 本公司销售等级。公司可以从中看出客户在本公司或业内的地位，判断合作的潜力。

客户成长性 × 本公司销售等级。公司可以依此来规划未来要重点关注的客户，并根据客户的成长性规划本公司的产品。

本公司利润贡献 × 本公司销售等级。年度贡献本公司多少利润，可以作为客户规划的重要分析维度。

五、用量—利分析判断现有客户结构

可以用兰彻斯特法则来分析客户结构，集中力量做营销，不同企业和不同的客户群体有不同的判断方法，举个例子，可以使用毛利率和年销售收入两个维度，以年度量—利来判断客户整体价值，盘点客户结构，评估经营效率。

当交易规模大、利润率高时，我们称之为 A 类客户。

当交易规模小、利润率高时，我们称之为 B 类客户。

当交易规模大、利润率低时，我们称之为 C 类客户。

当交易规模小、利润率低时，我们称之为 D 类客户。

以某集团公司的经销商客户分类为例，按客户分析销售额和毛利率的相关性，并且从中选出优质客户。

A 类属于优质客户，但数量分布是最少的，在企业里属于 VIP 客户，是企业服务的重点对象。

B 类占大多数，毛利率高但交易规模小，属于发展型客户，有些企业如果本身的体量比较大，但该企业的业务量少，就要争取增加业务占比，提高交易量和销售额；有些企业体量小，可以看该经销商是否有发展的潜力，适当扶持，帮他们做强做大，同时也能达到提高销售额、增强客户黏性的作用，这类客户成为优质客户的潜力最大。

C 类客户虽然交易规模大，但利润小，企业薄利多销，一般属于战略型客户。

D 类客户交易少，毛利率也低，是问题客户。要重点筛选这类客户，了解是否有发展的潜力，是否能通过营销策略进行增强。如果是没有发展潜力，并且合作意愿不高的客户，企业可以选择暂时放弃，把更多的精力和资源放在更有需要的客户身上。

对客户进行分层分级，不是要看放弃哪些客户，而是有选择性地投入资源。营销人员的时间也是公司的资源，做得好的营销人员会把更多精力放在更容易为公司创造利润的客户身上。能选择出优质客户是优秀营销人员的必备技能之一，同样在客户管理上，优秀的企业会对客户进行合理的分层分级，以制定不同的营销策略和服务内容。

客户标准化管理就是进行客户档案管理，从客户基础数据开始，收集客户的信息数据和行为数据，比如某个重要企业级的客户资料档案上，需要对客户的公司进行结构化的记录。记录内容包括以下九项。

（一）概要

该公司创立了多少年，注册资金是多少，上市发行股票数是多少，是否有其他的基地或分公司，基地和分公司的数量是多少，总部和分公司员工数有多少。

（二）主营业务

该公司属于什么行业，有什么主打的产品，比如客户是电器商品制造商，就包含家电、数码制品、半导体。有时该公司不只进行制造业务，还兼做医疗设备的贸易及服务。

（三）经营者

了解该公司董事长和总经理的姓名，以及他们的个人信息，包含生日、经历、兴趣等。

（四）财务状况

了解该公司近两年的财务报表内容。

（五）业务履历

可以上企业官网进行了解，一般企业都会有历史沿革的呈现，如果没有可以从客户拜访和日常电话内容中了解。

（六）关键人物

除了经营者，关键人物是有可能影响到营销决策的人物，比如采购部总监/部长，技术部总监，品管部负责人、制造负责人、营销负责人。

（七）过去的销售业绩

客户在本公司购买的产品品类，分别在每年每个季度的销量是多少，销售金额是多少。如果是新客户没有历史数据，就要呈现该产品在其他品牌的销量，如果是第一次采购该产品，则统计相应的需求量。

（八）对客户课题、中期计划的理解

作为供应方，企业对客户的业务理解随着客户的发展变化而变化，因此企业需要了解客户的发展战略、业务新领域、目标客户、海外拓展计划、专业领域集中计划、中期营销计划、新据点开拓、软件配置管理（SCM）、生产系统的变更，以调整产品销售的解决方案。

（九）探求本公司的机会

在了解完客户的信息后，营销人员要分析和思考本企业客户端务必共享的信息、共同推进的课题是什么，以及有哪些新的业务机会。

除了完成客户基本档案的信息数据收集工作，还要对客户的行为数据进行分析，即分析客户在本公司采购的数据，包括产品的品牌、品类、年度、季度的销量及金额等信息。品牌和品类可以帮助我们了解客户的采购偏好、最畅销的产品，有利于后期进行产品销量和竞品分析，也为下一年度、季度的销量预测提供依据。

通常把客户的行为数据分为数量和金额两类。数量上哪一个季度是最少的，哪一个种类就是最少的；客户的采购行为是否有旺季和淡季之分，一个客户还是多个客户都有采购的淡季和旺季。了解到客户的采购周期和数量，结合客户的信息数据，企业就会对客户的采购行为有更加立体的认识。

案例4：合适的营销模式可以为商品拓宽销路

这是一个关于雪花啤酒和江小白的故事。故事发生在中国休闲城市之一——

成都。自古在酒业一直有句名言：西不入川，东不入皖，对白酒市场来说，新品牌要进入四川和安徽都是很难的事情，但江小白做到了，它撬动了整个成都市场。

当时雪花啤酒的渠道铺遍成都各个网点，市场占有率达到 75% 以上，坐拥 200 多家一级、二级经销商，年产值达到 10 亿元，稳坐大小酒馆。

啤酒的旺季是春暖花开和炎炎夏日之际，白酒刚好相反，秋冬时节来杯白酒暖暖身。江小白借助雪花啤酒的渠道，把白酒铺到啤酒的渠道里，让各个渠道的淡季变成新的旺季，而且对雪花啤酒没有任何影响，甚至有互补的作用。

江小白就这么大张旗鼓，采用"保姆式"营销模式，嫁接了雪花啤酒 1/3 的配送商，在成都市场打通了渠道，无须在渠道上花费精力和竞品博弈，无须在非战略方向消耗有限的资源，将有限的人力、物力、财力聚焦在消费者这个支点上撬动成都市场。

通过这个案例可以看出，分析客户消费的淡季和旺季很重要。当很多啤酒企业还在研究产品、研究政策时，研究客户的江小白先行一步，打开了淡季和旺季的消费通路，经销商愿意支持，消费者获得更符合消费场景、能做线上线下社交互动的产品。

六、根据客户分析制定开发目标

在对客户进行分层分级的过程中，对客户的现状进行信息数据和行为数据的盘点——刻画客户画像，明确客户的属性，区分直接客户和最终客户。直接客户就是为产品服务买单的客户。直接客户不一定是产品服务的使用人。最终客户不一定是买单的客户，而是作为产品服务的最终使用者或受益者。

对客户进行区分画像时，就能从更多维度更加深刻地理解客户的需求，找出客户暂时无法解决的问题和痛点，以及让客户觉得本企业产品正好是他们需要的产品，给客户的工作和生活带来更多憧憬，让他们产生非此不买的兴奋点。

客户的痛点和兴奋点就是产品要完成的目标，是产品的定位原点。产品定位需要重点考虑：满足客户什么需求、产品在市场上会有什么样的优势、产品和产品相关的服务是否在市场上具备优势、产品投放到市场上的效果如何。依据对客户的分类和画像分析，企业对未来市场客户所有效果的预见都变得有章可循。

最后根据客户的需求制定开发目标，找出产品的市场定位和产品的优势所在，评估市场效果。

七、列出客户管理标准化输出清单

（一）目标客户画像

企业要描绘出公司主营业务的目标客户画像，分别收集客户的信息数据和行为数据，并进行分析和素描，实时更新客户数据资料。如果是未数字化管理的企业，建议尽快把数字化管理提上日程。随着客户量的增加和客户范围的扩张，全国乃至全球市场的客户更需要数字化系统的自动化更新，客户画像才能实时调整，以便于营销策略的制定和客户解决方案的调整。

（二）目标客户清单

当要列出客户拓展及存量客户维系的名单时，基于最新的客户画像，以掐尖法列出公司主营业务的目标客户清单。除了掐尖法，还可以根据客户市场条件进行筛选，比如地域、行业等，列出符合拓展条件的企业，进行拓展并形成标杆效应，以影响相同类型的客户，有了成功案例，使销售人员拓展客户更为便利。

（三）客户盘点

列出现有公司主营业务的客户清单，通过 B2B 客户量和利润的分析，形成客户点状图或热力图，客户分布更加清晰，并制作各大业务板块的年度客户盘点报告。

（四）结构优化计划

规划理想客户结构，分析现有客户结构，通过兰彻斯特+ABC 法则，以及对客户的分层分级管理，提出客户结构优化方案，把客户做强做大，或者增加本公司在客户端的品牌产品占有率，渗透客户业务，增强企业影响力。

（五）客户开拓计划

根据客户分析和开发的周期，制订 1～2 年的大客户开发计划，可以运用营销活动或者相关政策的制定，预先规划每个月或每个季度的开发活动，可以从市场类型、产品类型、客户类型等方面进行多维度的计划，以增加市场覆盖面。制订计划可以从公司市场部进行，全公司统一行动，也可以在制订客户开拓计划时把相应的活动主题、活动所需的资源及人力等进行初步规划，便于了解开拓计划所需预算，让公司做好市场预算的准备。

（六）客户池建设

定期进行客户盘点，对照理想客户结构，动态管理客户池。随着客户量的增长，客户池水涨船高，客户的类型也越来越多，对应的市场和产品也越来越丰富，作为营销管理人员，需要定期维护客户池，根据原先定好的分析维度进行数据的更新和数据更新结果的输出，分析在一段时间内，客户群体的信息数据和行为数据是否有所变化，客户在产品的偏好上是否改变，以及在销售人员的努力下，客户结构是否能够改善到理想的状态。只有这样，客户池建设后的使用才能达到客户池建设的目的。

基于以上内容，对客户进行标准化管理，需要输出如表 4-1 中的清单内容。

表 4-1 客户管理标准化输出清单

序号	序号项目	内容	工具包	输出
1	目标客户画像	分别描绘四大业务的目标客户画像	信息数据和行为数据	公司主营业务客户画像
2	目标客户清单	基于客户画像，以掐尖法列出公司主营业务的目标客户清单	掐尖法	公司主营业务目标客户清单
3	客户盘点	列出公司主营业务现有客户清单	B2B 客户置—利分析客户盘点	公司主营业务年度客户盘点报告
4	结构优化计划	规划理想客户结构，分析现有客户结构，提出客户结构优化方案	兰彻斯特 +ABC 法则客户分层分级管理	公司主营业务客户结构规划及优化方案
5	客户开拓计划	根据客户分析和开发周期，制订 1～2 年大客户开发计划	客户需求分析及开发策划表	公司主营业务 2 年大客户开发计划

续表

序号	序号项目	内容	工具包	输出
6	客户池建设	定期进行客户盘点,对照理想客户结构,动态管理客户池	客户盘点	公司主营业务客户盘点季度报告

第二节　目标管理标准化

经营就是打开门来做生意,面向市场和客户抓机会、创收入;经营就是应对变化;经营有面向短期(一年)的经营,还有面向中期(3～5年)的经营。

营销就是经营,年度经营的第一大直接目标就是销售收入。营销就承担着这个责任:服务老客户,开发新客户,拉动产品开发和生产交付,确保企业迈向中期发展目标。这就要求企业建立自上而下分解、自下而上支撑的目标管理体系,将企业的经营目标快速落实到营销目标上,指导销、研、产一体化作战。

一、目标管理标准化的内容

目标管理最核心的内容是团队实现目标所依赖的路径管理,也就是要管理企业的销售收入的构建路径,而不是简单地管理企业经营计划中的数字。需要从销售目标的分解、产品结构的优化两个维度,从存量客户、增量客户两个群体去进行目标管理。

目标管理的核心是销售收入,载体是产品,销售收入的源泉是客户,所以要以客户为最终的细分单元来展开营销活动,进行目标管理。

(一)各业务整体销售收入目标分解到存量客户和增量客户中

一个多元化业务的企业,销售收入是由多项业务收入构成的,特别要说明的前提条件是:企业每一年的销售收入目标并不是临时制定的,而是根据企业已经制定的中期发展目标(3～5年)确定的,也就是说,未来几年的销售收入目标早就已经制定了，每年年底根据当年实际达成的情况和环境的变化，在第二年既定目标的基础上稍做微调，确定第二年的执行目标，根据总的销售收入目标，分解到四大业务的销售目标中。

接下来要将各项业务的销售收入整体目标分别向下分解，B2B业务是以客户为单位进行营销的，首先要将目标分解到存量客户和增量客户中。

通过对存量客户的分析和预测，得出存量拓展目标；针对现有客户的销售收入要增长到多少，这是基于现状、经过努力应该增长的销售目标，有的客户可能是增长的，有的客户可能是减少的，这个目标是可行而又有挑战性的目标，一定要实事求是，不能强压。

基于现有客户可能实现的销售目标，不足的部分就要靠增量拓展补上，也就是要开发新的客户实现销售收入的增长。

（二）存量拓展靠的是大客户服务，增量拓展靠的是大客户开发

存量拓展就是指针对现有客户的销售收入要增长。企业要对每一个现有客户进行分析和策划，只有做好大客户服务，客户才有可能把更多的订单下给公司。

增量拓展就是要开发新的客户尤其是大客户。新客户直接带来销售增长，也就是通过一个又一个大客户开发项目拉动业务开发。

老客户下单更多、新客户开始下单，以客户为中心，自上而下分解、自下而上支撑，将各业务整体销售目标落实到位，建立一套扎实可行的目标管理体系。当新的销售收入目标确定后，企业就可以将这套目标管理体系落实到对老客户的维护和对新客户的开发上，有客户作为支撑的销售目标才是可行的。

（三）基于目标管理标准化进行业绩滚动管理

在此基础上，以客户为对象，以日为基础、以周为单位进行销售业绩的滚动管理，每月进行复盘和调整，做好过程管理，及时应对变化。

业绩滚动管理是目标管理标准化的一个部分。

现在，越来越多的企业在推进营销可视化，建立销售仪表盘，每天都可以看

到每个客户的接单和交付数据,进而按照区域、产品和营销团队等多维度进行统计、分析和展示。

在相同的信息面前,人们的决定会趋于一致,这是信息透明和信息对称的结果。目标管理标准化可以统一全体营销人员的认知,用共同的标准来进行内部管理时,既可以增加一致性,又可以营造良性的竞争氛围,引导营销人员互相学习,生成你追我赶的内部分享模式。

目标管理标准化指的是企业要构建一套目标分解和支撑的标准化结构,一旦确定总目标,可以快速分解为对现有客户业务拓展的要求,以及对开发新客户的要求。企业可以在推进目标管理标准化的过程中,找到一套适合自己的目标分解路径,做到目标快速带动行动。

二、销售目标分解

管理是为了实现目标,目标管理就是围绕目标实现有效管理即人员(Man)、机器(Machine)、材料(Material)、方法(Method)、环境(Environment)、测量(Measurement)六大要素。只有将销售目标分解落实到各个维度,才能明确不同维度实现目标要解决什么问题,问题解决得好不好又可以用目标达成的状况来衡量。从人员(包括团队)的角度来说,目标分解到位才能有效管理。

案例5:某公司销售目标分解

某公司的中期发展目标是在3年后实现每年30亿元的销售收入,分解到当年的销售目标是20亿元,再分解到公司主营业务,其中家电智能控制器(含小家电和大家电)的销售收入是13.4亿元,占总目标的67%。

这个目标要分解到老客户销售收入和新客户销售收入,还要分解老客户老产品的销售目标和老客户新产品的销售目标、新客户老产品的销售目标和新客户新产品的销售目标,这就可以制定针对新老客户的营销策略,还可以从老产品和新产品销售的角度制定针对性的策略。

接下来从区域、产品、销量、价格和金额等角度细化分解,毕竟客户下订单不是按金额下，而是按照用量来下，金额是销量乘以价格的结算标准。还要把相关目标分解成 12 个月，进行推移管理。

例如，公司的整体目标一般都是按年度做规划的，从时间维度，我们就需要将目标细化到季度、月度、周甚至日；从组织维度，我们又需要将目标细化到业务板块及部门；从空间维度，目标又可以分解不同的区域目标，从全国到省、市、县等。

把销售目标分解是为了更好地实现公司的整体销售目标，在分解和细化销售目标时，需要从多个维度去系统地规划销售目标。

首先，从公司的中期战略目标出发，根据中期战略目标中对未来的区域市场结构、客户结构、产品结构等的规划，将销售目标落实到年度、季度、月度。接下来，根据各个业务板块的不同，分别制定各个板块的销售目标。

（一）按区域进行销售管理

按区域进行销售目标和销售业绩管理是最基础的维度，因为客户的地理位置在哪里，企业的营销活动就要覆盖到哪里，营销组织的设置通常就会按照地域进行，例如：国内、国外、华东、华南、华北、东北、西北、西南，美洲、欧洲、东南亚，等等。

按区域进行销售管理，本质上是按照市场特点进行营销作战，因为每个地域在气候、生活习惯、社会文化和市场竞争等方面都有不同的特点，企业对应的策略和目标也应该是不同的，例如南方湿度大，北方比较干燥，公司在南方卖得好的产品在北方就不一定卖得好，企业要充分考虑各个区域的市场状况和变化趋势，作出不同的营销安排。

对于 B2B 业务，由于产业链配套的集群效应，业务可能集中在华南、华东，散布在环渤海经济区，企业在分解销售目标的时候应该区别对待，从存量和增量的角度，可能是华南稳步增长、华东快速增长、环渤海要实现零的突破，这样做出来的目标才是合理的。

（二）按客户进行销售管理，以客户为单位制定年度销售目标

B2B业务以客户为对象进行营销作战，而不是以产品为对象进行营销作战，产品只是进攻客户的"枪支弹药"和策略手段而已，目标是为客户创造价值、为企业创造销售业绩，所以现代营销不是推销产品，而是根据客户需要开发产品、提供服务。

客户分为老客户和新客户：老客户是现有客户，要维护好，属于大客户管理工作；新客户是没有成交、准备开发的目标客户，属于大客户拓展工作。销售目标是靠一个个客户一次次下单来完成的，企业如果不以客户为中心，销售目标就会成为无根之木、无源之水。

企业可从客户的维度分解销售目标，根据客户和产品二维矩阵从四个方面进行销售管理。

1. 老客户老产品

预计老客户采购老产品的数量是多少。对应的是营销团队要努力将老产品销售给老客户的目标是多少。营销团队要提高在客户端的采购占有率。

2. 老客户新产品

预计老客户采购新产品的数量是多少。对应的是营销团队要努力从老客户那里获取多少新产品的订单。营销团队要将新产品推送给老客户。

3. 新客户老产品

哪些新客户是对老产品有需求的。对应的是营销团队要从新客户那里获取多少老产品的采购量。营销团队要拉出目标客户清单，根据客户开发的进展制定目标。

4. 新客户新产品

哪些新客户是对新产品有需求的。对应的是营销团队要从新客户那里获取多少新产品的采购量。

制定销售目标不是简单地分解数据，也不是简单地定出一个数据，更不能强

压目标，而是对每一个老客户和计划开发的新客户进行分析，根据客户的销售计划和新产品开发计划所产生的采购需求，对接到企业自身的产品，分析可能的机会和可能的销量，制定一个可能的又有挑战性的销售目标。

营销的价值在于增量，有销售增量才有所谓的企业成长，不成长就意味着衰退，这就是"营销就是经营"的要义。聚焦客户求增量才会带来销售业绩，当老客户的销售目标不能支撑整体目标时，企业就要开发新客户获取增量，按照这个思路做好增量目标的管理，才能将销售目标分解得合理有效。

制定年度销售目标的时候，以客户为单位进行制定，对每一个现有客户进行具体的、相对准确的销售预测，在明确策略、充分努力的基础上，制定相应的年度销售目标；对通过开发新客户创造的增量，也要列出具体的意向客户、销售目标和具体策略。这样做出来的年度销售目标是有保障的，避免只是根据企业的大目标简单地往下分解。

案例6：以客户为单位编制全年销售目标、制订行动计划

某企业在编制2020年销售目标时，运用兰彻斯特+ABC法则，将现有客户分成九类之后，将Aa、Ab和Ba类客户作为主攻对象强化营销，对于Bb和Bc类客户则顺其自然，将Ac类客户作为重点推进；同时，锁定采购规模大、公司尚未合作的Ax类客户作为新客户开发对象予以重点推进。

基于年度的客户盘点，将现有客户纳入兰彻斯特+ABC法则的九宫图，针对每一个客户进行三年销售业绩回顾、制定可行且有挑战性的销售目标，这个目标力求增长，也不排除有降低的情形，对于增长的客户一定要明确扩大销售的具体对策。

按照公司经营方针，新年度销售额增长要达到30%以上，在现有客户的销售目标基础上，还要制定新客户开发的量化目标，新客户开发的数量和销售额，要满足30%增长率。

他们以客户为单位编制全年12个月的销售目标，再整合编制总的年度销售

目标，整体销售目标审定之后，要针对每个客户编制营销行动计划。

例如，支撑30%销售增长的对策之一，就是针对Aa类客户甲公司，4月导入新产品，5月起实现销售收入，全年增加销售500万元以上。将新产品导入甲公司并不是无中生有，而是根据甲公司新产品开发计划，营销和技术团队提早切入客户获得了合作意向，500万元的出货目标也是根据甲公司新产品销售目标而制定的。企业的年度销售目标只有做到这种翔实程度，才能提高目标的可行性和达成率。

没有针对性的营销行动计划，是保证不了这样的增收目标的，这个时候，公司以逆算营销为指引，从时间上倒推制订针对甲公司的行动计划，具体来说，客户5月上市的新产品，公司的营销活动最迟在1月上旬就要启动，逆算的步骤如图4-2所示。

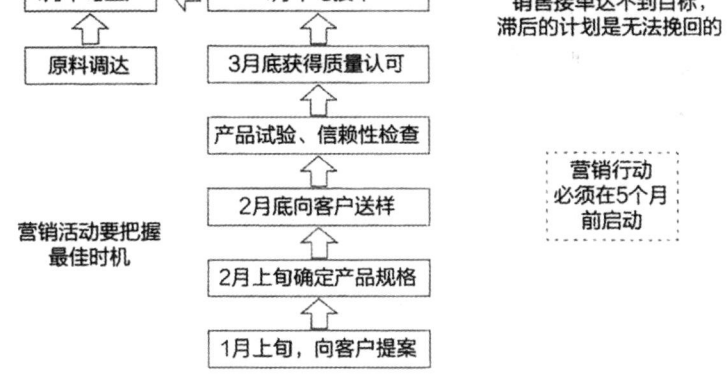

图4-2 用逆算思维制订营销行动计划

客户甲公司5月新产品上市，公司4月下旬就要安排生产出货，为此4月中旬必须从甲公司接到订单，倒推出来，3月底就要获得客户的质量认可；进而2月底必须向甲公司送样，在3月底之前完成产品试验和信赖性（可靠性）检查；只有在1月上旬开始向客户提案，2月上旬确定产品规格，这一切才能成为现实。

一年只有 12 个月，销售接单达不到目标，滞后的计划是无法挽回的，因为下个月挽回的业绩纳入后一个月，下一年挽回的业绩就不是当年的了。逆算营销的规律，就是营销行动必须在 5 个月之前启动。

（三）从产品维度进行销售管理

一般来说，企业要制定中期发展目标，其中就有产品结构规划。企业应随着技术迭代和产品生命周期的变化，不断淘汰过时的、附加值低的产品，推出技术含量高、利润率高的产品。

在开展 B2B 业务时，客户的需求来自客户的销售计划和客户的新产品开发计划，企业应匹配客户的生产计划和新产品开发计划，提供有竞争力的配套供应，从产品、产能、交期、质量、价格和服务等方面创造优势，在老客户那里争取更大的采购比率，争取拉来新客户并创造新订单。

在老客户维护和新客户开发的过程中，营销人员从客户那里得到的订单必须是符合公司产品规划的，主推的产品要作为营销工作重点，不主推的产品顺带营销就可以了，要淘汰的产品就不能接单，这样才能实现产品转型和企业转型。

在此基础上，营销人员应从产品维度进行销售目标汇总，看数据结果是否达到整体目标，如果不行就要倒回去对老客户维护和新客户开发目标进行调整。

（四）从销量维度进行营销管理

对于 B2B 业务，销售要获取的是客户采购订单，客户采购的是物料，一般以量的单位来计，客户几乎不会说"我要买 200 万元的电机"而是说"我要采购 40 万台电机"，企业基于对客户采购需求（量）的预测制定销量目标，不同产品的销量乘以相应的价格后再累加起来就得到销售收入，如果发现由客户端预测得到的销售收入目标不能满足公司的整体销售收入目标，就要倒回去进行老客户和新客户的销售分析、调整，必要时要改变营销策略，开发更多的新客户实现增量。

从产品和销量维度进行销售管理，才能对接新产品开发和老产品优化计划，才能链接到公司的产能规划、生产组织、产量和效率管理、缩短交期、提高质量和降低成本等工作。

（五）将销量对接到价格

每一笔订单的金额等于销量乘以产品价格，如果一个订单包含多个产品则是累加的结果，这就是客单价——客户下的每一次订单的销售收入。显然，如果订单的产品价格高，客单价就高，执行这个订单得到的销售收入就比低价格产品高，自然销售利润也就更高。

从市场层次来说，高价格就意味着高端市场，低价格意味着低端市场。

虽然说高价格不一定就是高利润率、低价格不一定就是低利润率，但是，就算是相同的利润率，高价格产品的利润额一定会比低价格产品的利润额要高，所以多卖高价产品是营销人员求增量的铁的定律。

案例7：三花集团的储液器产品变迁

浙江三花集团制冷配件公司早期是做空调配管的，后来导入空调储液器，从小型号产品起家，1995年销量最大的一款编号为446的储液器价格是37元，随着市场竞争和客户压价，2000年，该编号产品的价格一路下降到7元。

三花集团从市场趋势中预见到这种局面，其制冷配件公司及时启动了产品升级计划，开发出大规格的储液器，价格是1 000多元，虽然技术开发和制造过程有一定难度，但最终还是成功量产。问题是大型储液器主要用在大型冰箱上，这些冰箱主要是欧美发达国家的大别墅当中才用到，而客户是通用电气（GE）这样的顶级电气生产商，三花集团在技术攻关的同时向市场开发商投入了营销资源，最终成功打开了这个非常细分的国际市场，成为通用电气的全球供应商。

之后，三花集团逐步放弃竞争惨烈的空调配件市场，不再接单生产空调小型储液器，转为生产销售冰箱大型储液器，客户也从美的、格力等国内大公司转变为通用电气、乐金(LG)等国际大公司，成为全球高端储液器的三大生产厂家之一。

（六）对销售金额进行双路径管理

营销管理当中，以客户为对象预测产品及其销量，制定出经过努力应该达到的销量目标，销量乘以价格算出销售收入目标，这是一条路径。

另外一条路径则是公司确定出新一年度的产品结构：哪些产品主推，哪些产品顺带销售，哪些产品不再接单。营销团队根据这一规划对接到每一个客户，制定相应的营销策略和销量、销售收入目标，这样执行下来的结果，就是公司逐步实现产品结构的调整。

（七）进行销售的月度推移管理

以天为单位作战、以周为周期管理、每月进行推移分析，看销售收入是否达标，看主推产品是否上量，看市场价格趋势如何，看客户变化和不同营销团队业绩状态，进而进行针对性的调整。

营销管理过程中，不能只是看到这个月销售收入达到目标就可以了，还要确认产品结构是否符合公司既定的调整方向，如果靠瘦狗产品（衰退类产品）实现销售收入目标，对公司来说不但利润率低，而且将丧失产品竞争力。

三、优化产品结构

实现企业销售收入和利润双增长，最重要的就是要根据市场趋势、环境变化和客户需求变化不断优化产品结构，从而保持产品在市场上的竞争力和盈利能力。产品开发是企业面向市场的营销行为，目的是不断改进老产品、推出新产品，使企业持续满足变化的客户需求，提高企业的竞争力。

根据产品生命周期原理，从起步期、发展期、成熟期到衰退期，一个产品在不同时期的价值是不一样的。起步期的产品如初生的婴儿，有良好的环境就会茁壮成长，这个时期的产品也要不断调整和升级以适应外部环境；发展期的产品犹如青年人，身强体壮、精力充沛、朝气蓬勃，各方面的机能都处于最优状态，具备快速上升的各种条件，这个时期的产品要继续发挥优势，占领市场；成熟期的产品犹如中年人，处于人生巅峰，同时也意味着不会有太大的发展空间，这个时期的产品要尽量扩大收益；衰退期的产品如同老年人，身体机能下降，渐渐退出历史舞台。

（一）重视产品结构

如果企业只有一种产品，销售收入就必然随着这一产品的生命周期经历销量起步、快速上升、稳定和衰退这样的起伏，一旦产品被市场淘汰，企业的销售收入就枯竭了。所以，企业必须基于技术迭代开发推出多种产品，当老产品进入成熟期时新产品已经进入发展期，同时更新一代的产品又已经进入起步期了。也就是说，在同一个时期企业既要有大量销售的产品，也要有快速上量的产品，还要有起步期的产品，自然也有衰退期的产品。

客户需求是多元化的，用多种产品满足客户，也是企业提供整体解决方案的重要表现。在价格竞争成为必然的环境中，企业通过全面服务，在产品矩阵、质量、交期、产能配套、快速响应和全面服务等方面提高非价格竞争力，自然有忠实的客户长期合作。

一个企业能够向客户提供完整的产品和服务，这本身就是一种实力，就是竞争力。

（二）用波士顿矩阵规划产品结构

根据产品生命周期原理，用波士顿矩阵（BCG）进行产品分析和产品规划，按照相对市场占有率的高低和市场增长率的高低，产品可以分为四类：明星产品、现金牛产品、问题产品和瘦狗产品。

1. 明星产品

市场增长率高，产品的相对市场占有率高，这类产品为明星产品。这类产品的市场需求在扩大，在总需求当中企业的占有率高，也就是说，在一个正在兴起的新产品需求当中，企业有比较好的竞争力。

明星产品是受市场欢迎、处于快速上升期的新产品，代表了企业的技术实力和产品竞争力。一般来说，该类产品的价格很高、利润率也很高，销量不是特别大但是上升很快。明星产品代表了市场趋势，要抓住机会、快速上量，尽快提高市场占有率，加强竞争地位。一个没有明星产品的公司属于增长乏力的公司。

例如，小米手环、小米运动鞋、小米电子秤、小米盒子等系列产品代表了人们生活方式的变化，运动不再是孤立的，锻炼可以数字化、智能化、可视化，可以更有趣，可以连接他人，智能产品大大提高了人们的生活质量，其潜在用户群体巨大、市场空间无限、销售增长迅速，生产运动器材的企业如果不能及时推出智能穿戴类的明星产品，竞争力就会急剧下降，销售将无以为继。

2. 现金牛产品

市场增长率低，产品的相对市场占有率高，这类产品为现金牛产品。现金牛产品是市场主流产品，也是企业的主打产品，是当前给企业带来主要销售收入和利润的产品。

现金牛产品处于成熟期，需求量大，要抓住机会扩大销量、提高市场占有率，给企业创造现金流，帮企业快速回笼资金，这样企业才有资金投入明星产品开发和市场拓展。

3. 问题产品

市场增长率高，产品的相对市场占有率低，这类产品为问题产品。跟明星产品一样，这类产品的市场需求在扩大，不同的是在企业总需求当中的占有率低，也就是说，在一个正在兴起的新产品需求当中，企业推出的产品问题较多、竞争力不足。

因为问题多，形成不了销量，而且有很多失败成本和市场风险，因此要进行产品改善。问题产品如果改造得好，可以成功转为明星产品；改造得不好，则直接退出市场。

4. 瘦狗产品

市场增长率低，产品的相对市场占有率也低，这类产品为瘦狗产品。也就是说，瘦狗产品的市场需求是在衰退的，但是客户仍然有需要。之所以叫"瘦狗"，就是表达"食之无肉，弃之可惜"的意思。

瘦狗产品最终是要退出市场的，企业要及时判断，在恰当的时候果断停止接单,用其他产品满足客户,这需要对客户进行引导。很多企业产品型号太多,不舍得进行清理,结果是大量瘦狗产品占据了销量和产能,销售收入不高、生产效率不高、利润不高,自然经营业绩就不好。

一般来说,明星产品的净利润率要超过20%,有的甚至高达40%以上,因为销量不大,利润总额虽不如现金牛产品但增长很快,对企业发展很重要。现金牛产品的净利润率通常是12%～15%,因为销量大,创造的利润总额很高,对企业生存很重要。瘦狗产品的净利润率一般在4%～6%,做得不好可能不赚钱甚至轻微亏损,不做又不行,因为客户还有需要。如果低于上述净利润率水平,企业就要分析改善,否则就很难保证整体净利润率达到10%的目标,导致企业经营不佳。

今天的明星产品就是明天的现金牛产品,今天的现金牛产品在未来可能会变成瘦狗产品。企业的产品开发能力强,面对新的市场机会推出的新产品受到欢迎,就成为明星产品;如果产品开发能力低,推出的新产品是问题产品,不但要将其改造为明星产品,还要改革产品开发体制。

用波士顿矩阵判断企业当前的产品结构和产品竞争力,可以很快识别问题;用波士顿矩阵规划未来的产品结构,可以思路清晰、有的放矢。一定要对照当前的市场趋势,判断市场选择的技术方向,确保企业随市场变化稳步迈向未来。

没有合理的产品结构,既不能很好地满足客户,又不能形成市场竞争力。企业要用波士顿矩阵定期地回顾和规划产品结构,让营销队伍在抢占市场时有强力的武器。

(三)用九宫图规划和推进产品开发

为了强化面向市场的产品矩阵,用丰富的产品形成整体解决方案的能力,全面满足客户的需求,企业每年都要开发推出新产品、改进老产品,此时可以用产品开发九宫图规划和推进这项工作。

根据产品对市场的新颖程度(低、中、高)和对企业自身的新颖程度(低、中、高），利用产品开发九宫图，企业每年的产品开发计划应该覆盖六大类：降低成本型产品、重新定位型产品、改进型产品、补充型产品、新品种型产品和全新型产品。

1. 降低成本型产品

这类产品通常比较大众、同质化，很难通过差异化提高利润，销量也许大也许不大，但市场需求是常态化的，只有通过降低成本，用相对低的价格才能获得订单，也只有通过降低成本才能维持合理的利润，做到人有我有我利高。

2. 重新定位型产品

这类产品对市场的新颖程度中等、对企业的新颖程度低，也就是企业已经生产、销售到一定程度，产品技术和制造技术比较成熟，还存在一定的市场新鲜度，为了提高企业特色、创造新的市场热点和产品销量，企业需要进行二次市场定位，巩固产品竞争力，做到人有我有我特色。

3. 改进型产品

这类产品对市场的新颖程度低、对企业的新颖程度中等，也就是市场早就熟悉的产品。产品经企业开发并推出后还有不足之处，改进之后创造亮点才能使产品更受欢迎，做到人有我优。

按市场来说，已经不新鲜的产品企业是不需要推出的，因为客户的要求、配套的需要，企业不熟悉也得导入，通过对市场成熟产品的改进和创新，努力使传统产品重新焕发活力。

为了使企业全面覆盖客户需求，对市场熟悉的产品进行降成本、改技术，通过这些方法才能更好地提高客户满意度。

4. 补充型产品

这类产品对市场的新颖程度中等、对企业的新颖程度也是中等，人家有、我们没有，企业必须导入进来，纳入产品矩阵，做到人有我也有。补充型产品使企业的产品矩阵更完整。

第四章　市场营销标准化管理

5. 新品种型产品

这类产品对市场的新颖程度低、对企业的新颖程度高，也就是市场已经很成熟的产品，企业完全没有涉足，作为新的品种纳入产品矩阵。

企业投入资源开发市场早就有的产品，从单品的角度考虑其意义似乎存疑，但是企业是从不同应用场景的角度规划产品矩阵的，结合拳头产品、特色产品来看待新品种型产品的导入有特别的价值，这也是一些企业进入传统领域的原因，有的时候这是战略性的选择。

6. 全新型产品

这类产品对市场的新颖程度高、对企业的新颖程度也高。企业通过对市场和目标客户群体的研究，发现或感知某个新的潜在需求，通过技术创新和产品创新去开发一款市场空白的产品，这是完全创新的产品，也是开拓企业未来的产品。

案例8：先尼科化工（上海）有限公司专注于红

先尼科化工（上海）有限公司的产品是有机颜料，它的应用领域有两类，塑料用颜料和油墨与涂料用颜料。塑料用颜料广泛用于有高耐候要求的户外塑料制品、加工使用过程中有高耐温要求的塑料制品和需要与食品直接接触的塑料包装制品中。油墨与涂料用颜料适用于溶剂型、水性等油墨体系，广泛用于高耐光及高耐候要求的木纹纸装饰油墨、户外广告喷墨与食品接触的包装油墨、纸张油墨等行业。可以用在液晶的三原色上，也可以用在农夫山泉的红色瓶盖上还可以用在法拉利车身红油漆上，三种产品上的颜料没有太大的变化。其中有一款产品叫"红254"，从2003年开始将此产品投放市场后，这个颜料都没有什么大的变化，并且在全球市场的占有率有了足够的份额，现在还掌握了全球"红254"的定价权。该类型产品对研发技术的依赖性较高，竞争的门槛也比较高，一般的企业很难迈入这个行业，所以产品的生命周期比较长。

产品种类和型号数量太少，满足不了客户需求，容易错失市场机会；产品种类和型号数量太多，又可能降低企业效率。因此，产品种类和型号数量要根据企业的发展阶段、营业收入规模、生产能力、客户群体和营销实力等进行阶段性的调整，增加和减少、全面覆盖和聚焦需求都是可能的、有效的选择。

所谓的优化产品结构，就是用强力的现金牛产品确保企业有活儿干、有饭吃、有钱花、有利分，用明星产品开拓未来，用瘦狗产品维护客户。

产品开发九宫图是一个很好的管理工具，可以一目了然地看清楚企业一年甚至三年的产品开发计划，避免一叶障目、不见全貌。尤其是把波士顿矩阵和产品开发九宫图对接起来，用"产品矩阵"的思维进行产品结构的规划，更能发挥出"拳头"的力量和"组合拳"的攻击力。

四、存量拓展

目标管理要标准化，要在以客户为对象、以产品为载体的基础上，建立将目标分解为存量拓展和增量拓展两种路径，将营销工作指引到以客户为中心展开。

所谓存量，就是既有的正在持续发生的市场销售，也就是企业将现有产品销售给现有客户，这些业务跨越年度界限持续发生，通过客户关系维护，只要客户满意就会持续下单给企业。

所谓增量，就是要在现有销售的基础上，将新产品销售给客户创造销售增长，或者开发新的客户，将老产品或新产品销售给新客户获得的销售增长。

（一）做好每一个订单的交付

存量拓展就是将老产品更多地销售给老客户，换一个角度看，就是让客户将现有物料（对供应商来说就是产品）更多的采购订单（对于供应商来说就是销售订单）下给企业，要做到这一点，企业就需要自身努力提高在客户端的优先地位，这样才能获得更多的采购份额。

对于 B2B 业务，客户都会选择多家供应商采购，除非是像英特尔（Intel）芯片这样的瓶颈类物料只有独家供应，一般来说，各类物料采购客户至少要保证有两家或三家供应商，一是保证稳定的供应，二是确保供应商之间有适度的竞争，避免被独家供应商在价格、供货和服务等方面制约。

管理成熟度高的客户对供应商都会进行常态化的绩效管理,看每一单的交货是否达到各方面的要求,比如有没有延迟交货,延迟交货有没有造成停产事故,质量是否合格,有没有个别质量缺陷,有没有批量质量事故,因为供应商质量问题造成的内部失败成本和外部失败成本是多少,出现问题后的反应速度是否及时、服务是否良好等。这些由各个相关职能部门逐单考核、每月统计、每月打分公布,按季度、半年和一年分别进行供应商业绩评比。

每一次交付结果的评价都是客户满意度的反映,出现问题客户会有应对机制,严重的问题客户会对供应商做出全数检查、退货、换货、赔偿、处罚甚至暂停供应资格、取消供应资格等处理;客户会将每个月的供应商评分进行排名、公布,通报供应商业绩的好坏,进行嘉奖、提出整改要求;根据年度综合评价进行评比、奖励,确定下一年度的合作关系,包括采购订单比率、价格、付款条件、支持措施及是否纳入联合开发合作方等。

(二)要成为客户的优秀供应商

企业要扩大现有产品对现有客户的销售,就要在环境、职业健康安全管理体系(EHS,也叫大S)、技术(T)、质量(Q)、成本(C)、交期(D)、服务(S)、特殊要求(S')和价格(P)等方面创造优秀的供应绩效,要拿到客户的年度供应商大奖,尽量拿到冠军、亚军或季军(优秀供应商),拿不到也要努力拿到单向冠军(快速交货优秀供应商、优秀质量供应商、降成本作战优秀合作供应商、优质服务供应商等),最终,企业要努力成为客户的战略合作伙伴,提高采购订单率,例如从20%提高到40%,再从40%提高到50%以上,尽量成为相应供应领域的第一大供应商。

存量拓展就是要提高老产品在老客户端的采购订单比率,本质上是通过一单又一单地交货,提高客户满意度,巩固客户关系,不断提高本企业在客户端采购的优先地位。

五、增量拓展

对于 B2B 业务,销售的可预测性还是比较高的,除了老客户老产品的订单要增加,还要在老客户那里获得新产品订单,还可以将老产品销售给新客户,还可以在新客户那里获得新产品订单。企业可从这三个方面拓展销售增量。

(一)在老客户那里获得新产品订单

有两种情形可以从老客户那里获得新产品订单。

一是老客户一直在采购的物料(对于供应商来说是产品)并没有在原企业下单,通过努力争取让客户下单采购,这个时候对企业来说是新产品,如果这个产品企业也没有向其他客户供应,就要立即进行新产品开发,如果这个产品是现成的则不需要重新开发,只要做客户化就可以了。

二是客户在开发新产品的时候,带出了新物料开发的需求,这个时候,企业要尽早获取信息,第一时间争取到与客户联合开发、送样的机会,也就是在客户的新产品企划阶段就参与其中,这样可以在技术规格、质量保证和量产准备等方面创造先发优势,拉高同行竞争的门槛。

开发一个新客户的成本是留住一个老客户成本的若干倍,老客户是企业每天有饭吃的根本,一定要服务好老客户、留住老客户、感动老客户,这是有效的低成本营销。过往合作中已经建立起来了客户信任,只要新产品对客户有价值,就可以快速切入。企业要避免一方面对老客户的抱怨不闻不问,另一方面又在开发新客户,结果是老客户不断流失,对新客户开发不力。

案例 9:橡果美健——不断向老客户提出新的产品方案,驱动公司持续发展

橡果美健是广州一家研发、生产和销售健康食品的公司,创业之初主要是面向品牌企业提供减肥代餐食品的贴牌生产(OEM),随着社会进步,中国市场容量在不断扩大,橡果美健洞察到越来越多的消费者需求,于是向老客户提出一个又一个的产品创意,这些建议被老客户采纳自然就成为一个又一个的新产品,订单随之而来,很多新客户慕名而来,不知不觉中橡果美健进入研发定制模式(原

始设计制造商，缩写为 ODM），陆续推出了瘦身、美白、润肠通便、改善睡眠等六大类产品，产品系列覆盖到目标消费群体的各种生活场景，为众多品牌客户持续创造市场热点和营销增量，老客户群体逐步壮大，橡果美健成为国内健康食品领域的前三大综合性企业之一。

2017 年，橡果美健确立了"美丽健康"和"新生活方式提供者"的事业概念，以帮助人们提高生命质量、享受幸福里程为经营宗旨，以引领时尚的食·饮·生活为使命，希望用十年左右的时间把橡果美健打造为全球美健行业的领军企业，使橡果美健进入文化引领发展的新阶段。

2020 年，橡果美健着手制订第一个五年计划，决定在健康食品做强做大的基础上，进军中老年保健品、特殊用途化妆品、母婴用品、特殊医学用途配方食品（特医）和特殊配方专门加工食品（特膳），产品系列升级为产品矩阵，将"打造全球美健行业的领军企业"落实到中期发展目标，橡果美健进入了文化引领、战略驱动的新阶段。

找到好的客户，跟他们做百年生意，这就是存量拓展，因为客户是发展的。好的客户有两类：一是行业标杆，二是新锐明星企业。对于 B2B 业务，企业的价值在于帮助客户创造价值、实现发展，作为回报，企业自身得到订单、利润和发展。

（二）开发新客户，在新客户那里获得老产品订单

开发新客户是营销人员永远不能停止的工作，因为停止新客户开发就意味着衰退。

开发新客户的时候，如果发现客户的采购需求用企业现有的产品就能满足，只要做一些客户化的产品细节调整，就可以匹配客户的产品需要，这种情况下，新客户开发的周期就会比较短，却可以很快创造销售增量。

所谓的客户化，就是产品的功能、性能都能满足要求，企业只需要根据客户要求在外观、包装、安装方式、铭牌标识和其他方面进行改变，匹配客户的产品需要，在产品开发领域属于 D 级设计，即不做技术变更的应用性工作。

案例10：利元亨——开发客户一定要找"大家闺秀"

广东惠州有家企业叫利元亨，2014年成立，主要产品是客户关系管理（CRM）、企业资源计划（ERP）等软件，2016年开始增加硬件，为海外客户提供软硬件一体化服务。2017年利元亨与加拿大某汽车公司合作，导入动力电池电芯装配等业务；2018年将汽车车身结构件智能装备线出口德国，与西门子建立合作关系；2019年在锂电池电芯装配、电池检测段核心装备方面与宁德时代等客户合作。

开发客户一定要找"大家闺秀"，坚定技术为先、构建技术壁垒、内部管理精细化的稳健发展战略，利元亨坚持锁定行业前五名的优质客户市场开发战略，致力成为全球一流的工厂自动化整体方案供应商。

（三）开发新客户，在新客户那里获得新产品订单

如果客户的采购需求是企业没有做过的产品，企业就要启动新产品开发，尽早争取到送样的机会，最好是在客户新产品企划阶段就参与技术研讨、送样，进行技术匹配试验，虽然这种情形的客户开发周期比较长，但是这样奠定的合作可能性更高，当然，这也正是考验企业的技术实力的因素。

案例11：选好新客户，陪伴共发展

创立于1993年的深圳格雷特电子科技有限公司（以下简称"格雷特"）生产精密钣金结构件，2002年格雷特接触到一家创业型的公司——深圳英威腾，是做电气传动和工业控制的，也想进入新能源领域，格雷特领导人意识到这是一家非常有前景的公司，于是尽全力跟英威腾配套，双方达成了战略合作的高层共识。

2010年，英威腾在深交所A股上市，在技术和资本驱动下快速发展，成为国家火炬计划重点高新技术企业，到2020年，英威腾拥有16家控股子公司，员工有3 000多人，有海外分支机构8家、大型生产基地4个，业务遍布海外60多个国家和地区。

格雷特跟着英威腾，在产品和服务上联合开发，在钣金结构件领域支持英威腾，在无锡设立了第二工厂，自身获得了快速发展。

结识新朋友，不忘老朋友；留住老客户，开发新客户。目标管理标准化要建立一套将经营目标有效地分解落地的路径，这个结构是标准化的，只要整体目标和结构要求一确定，就可以快速落实到对老客户维护求增量的数字目标和具体要求，以及开发新客户的求增量的数字目标和具体要求上，营销团队可以据此展开营销作战，拉动产品开发和生产交付，以提高客户满意度、拿供应商大奖、建立战略性合作为目标，聚焦客户展开一体化作战。

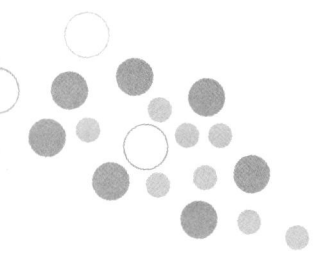

第五章 营销传播研究

第一节 数字时代的内容营销传播

随着数字技术与互联网媒介平台的不断发展，市场营销生态及广告也发生了一系列变革。在数字时代，传统广告的单一信息诉求法则已无法适用于日益复杂的媒介环境与受众，而内容营销正是在这样的背景之下演化而生的一种营销传播形态。

一、从信息诉求到内容营销

（一）营销生态的变化与广告变革

曾经，营销是一项极为简单的任务。一家企业，一件产品，一段宣传标语，一个营销团队，再加上几则在大众传播媒介上滚动播出的广告就能够完成。如果消费者有深入了解或购买的需求，则让销售人员跟进，与其进行详细的沟通即可。

在新媒体的冲击之下，随着传统大众媒介的式微，基于单一信息诉求的传统广告再也无法深达年龄有差、性别有异、认知有别、需求有序的广大消费者群体。互联网技术的崛起使人们能够随时随地进入网络，瞬息之间便可以找到成千上万的备选方案。互联网、社交媒体及数字化等技术的盛行，渗透到消费者生活的方方面面，同时也使数字时代的营销传播发生了诸多变化。

1. 营销生态的变化

（1）互联网引发信息爆炸：信息爆炸是对近几年来信息量快速发展的一种描述，形容其发展的速度如爆炸一般席卷整个地球。互联网打破了信息生产与传播的时空限制，并且拥有几乎无限大的信息容量。借助互联网技术的发展，网络平台上每一天都会新生成海量信息，网络上的信息总数量呈几何式增长——我们将此现象称为"信息爆炸"。在信息爆炸的当下，海量并且冗杂的各种信息充斥着用户眼球，广告商发布的一条营销信息很容易被淹没在信息的海洋中，难以触达用户。用户注意力成为数字营销时代最稀缺的资源，广告商们开始"抢夺"用户注意力，致力于让自己的广告信息在用户脑海中留下深刻印象。

（2）社交媒体为普通用户提供信息传播的渠道：社交媒体突破了专业性、技术性、经济条件等门槛，让普通用户也拥有了在公共媒体发声的渠道。信息生产与传播不再是专业机构或人员的专利，传播的新常态是传播主体多元化，人人皆为信息的生产者和传播者。用户只要有一部移动端设备和一个社交媒体账号，便可以随时随地在社交媒体上发布自己的观点和想法，传播给社交网络上的其他用户。

（3）消费者拥有主动选择信息的能力：虽然目前印刷广告、电话推销、电视广告营销等方式仍然会出现在生活之中，但是随着互联网和移动端设备在消费者生活中不断普及，传统主流媒体把控传播的绝对主导权时代早已成为过去。人们不再从单一线性的传统媒体（电视、广播、报纸等）获取信息，而是具有更自由的信息选择权利，从过去只能被动地接受强制推送给自己的信息，到现在能够主动去互联网平台搜索需要的信息并有选择性地接收信息。在此情况下，具有主动选择权的消费者可以自主甄别、理解和接受符合自己认知喜好的信息，而不符合消费者偏好的信息则会被消费者拒绝。

2. 传统广告的变革

广告，是营销传播的关键环节，也是企业与消费者建立起关系时最为直接的联系。随着营销环境的变迁，广告形态从传统广告进化为数字广告。相对于传统广告针对单一信息诉求，以单一来源信息对消费者进行购买说服，数字广告属于多元复合信息，其经营与运作方式、信息生产和传播都发生了翻天覆地的改变，主要体现在以下 5 个方面。

（1）广告信息来源的变革：传统广告唯一的信息来源是广告主，消费者只能接收到广告主想要传播给消费者的信息，而无法获取更多自身想要了解的其他信息。这种广告只有单一信息来源，对于消费者而言是不完全信息，是广告主对消费者单方面的劝服。数字时代的广告则具有多方信息来源，除了广告主发布的信息，消费者还可以获取来自"F因素"、其他消费者和专家等不同群体的信息，这些信息经过整合后对消费者来说接近于真正的完全信息，从而对品牌或产品形成更全面、更真实的认知。

（2）广告生产主体的变革：传统媒体时代，广告基本是由作为个体的广告从业人员或者作为组织的广告公司来完成。营销环境的变革，使各种机构、自媒体、用户等多元主体都能在媒体平台上发布内容，数字广告的生产主体不再局限于单一的企业或者广告商，互联网上的普通用户也开始参与广告的生产。在数字广告创作的过程中，专业广告人员与普通消费者之间能够进行分工协作，互相取长补短、合作共赢，生产出更符合用户个性化需求的广告。

（3）广告传播客体的变革：传统广告通常将市场上的目标消费者看作具有统一需求的整体。企业只需要通过电视、报纸、广播等大众媒介，向广大消费者统一进行营销传播。此时的广告传播客体是没有进行细分的用户群，无论何种需求的人们只能接收该广告的引导，是一种泛大众营销。但到了数字时代，消费者作为广告传播的客体，其差异化、个性化得到凸显，数字广告将消费者群体进行细分后，再根据不同群体的独特需求进行精准匹配传播。此外，数字时代的消费者群体从过去孤立的个体逐步变为聚合的、能够产生认同的、分享体验的社群，内部的声音能够影响到其他成员的判断。因此，数字广告还必须考虑到其目标传播客体所在的社群。

（4）广告信息生产的变革：在大众媒介时代，传统营销传播中的广告是以单一或几种符号类型为主的信息生产。无论是文字、声音，还是视频，其广告均是以一对一或一对多进行劝服并达成购买的线性传播，此时的广告重点是信息的数量和表意的清晰程度。随着人工智能、大数据等技术的发展，社交媒体中的广告不再是单一的文字、图片、视频或这些信息的简单组合，而是多种信息的聚合，并且进行与用户建立关系连接的信息再生产，即内容再造。所谓内容再造，是指用户可以将广告主发布的广告信息进行更加可信、明显、有吸引力的再加工，这使得数字时代的广告能够达成广告主与消费者之间的双向互动与反馈。

（5）广告表现形式的变革：不同的媒介载体决定着广告的表现形式，传统的大众媒体几乎没有企业与消费者的互动。尽管电视、报纸、广播等仍是营销商最为常用的广告投放渠道，但单一的视频、文字、图片等广告信息，无法有效触及已经完成从被动接受向主动获取角色转变的消费者。

大数据、云计算、人工智能等数字技术的全面渗透，使数字媒介环境凭借其互动化、精准化、差异化、碎片化等优势，能够按需定制广告，完成线上线下一体化的智慧营销。例如，已经成熟的微信微博信息流广告、H5广告，能够进行用户行为组合的融屏广告，基于场景营销的LBS精准匹配广告，除此以外，还有正在逐渐发展中的"AI+短视频"广告、互动广告及沉浸式交互广告等。这些广告表现形式是智能化技术最有效运用的传播表现，对企业而言能够大幅提高营销效率，精准、实时、主动地触及消费者，对于消费者而言能够获得最为直接、全面的广告信息，充分满足信息需求。

（二）内容营销的定义与特点

在数字时代，广告被置于全新的营销环境和传播生态之中。越来越多的企业开始为消费者提供聚合性的多元复合广告信息，将传统广告信息加工成为更丰富、更有吸引力的品牌营销内容，这种现象逐渐发展形成了一种新型营销传播形态——内容营销。如今，内容营销已经成为数字时代营销传播的核心驱动力和品牌价值中的重要组成部分，为广告主提供精准、高效、低成本的营销服务。

1. 内容营销的定义

1996年,美国报纸编辑协会初次提出"内容营销"这一概念。早期的内容营销,是企业或者营销商借助于外部内容,以产品为中心展开的营销活动,也就是将产品的营销内容嵌入特定的媒介之中,即植入式营销。此时的内容营销受到媒介特点的限制,用户对于产品的直观感知大于营销活动带来的体验。

后来,内容营销发展由专业营销团队生产内容转变为以消费者为中心展开的营销活动。此时的内容营销有了更强、更具体的针对性,目标群体也开始分化,不再简单粗犷。

随着技术的飞速发展,现在的内容营销早已被广泛应用于数字营销传播领域。"内容营销"这一词汇已被学界和业界熟知,但尚未有一个统一的定义,不同的专家或学者对内容营销的内涵都有着自身的见解。几乎所有的定义都强调内容营销的核心在于创造和传播"有价值的内容"。有价值的内容是内容营销的基础,不仅包括产品、专业性的服务和品牌文化,也包括令消费者感到印象深刻、满足其需求并产生信任和分享行为的内容。

2. 内容营销的主要特点

同传统广告一样,文字、视频、语音、图片等一切信息载体也是内容营销的表现形式,但运用这些信息载体的营销却不一定是内容营销。内容营销并不是简单地把传统广告内容移植到数字平台上,相对于传统广告,数字时代的内容营销具有以下4个特点。

(1)价值性:内容营销的价值性较之传统广告有所不同,是以消费者的需求为价值导向。"广告是品牌销售产品和服务所需传达的信息,而内容包含的则是客户达成自我和工作目标所需要的信息。"换言之,传统广告以实现广告主的营销目标为中心,致力于帮助商家向消费者传递品牌、产品或服务的营销信息,重点关注消费者是否接收到了营销信息及是否做出购买行为。而内容营销则以提供信息来满足消费者的各种需求为价值导向,能够满足消费者需求的内容才是有价值的内容。内容营销并不会直接促成销售行为，而是通过持续不断地为消费者提供有价值的内容来满足消费者的需求，逐渐与消费者建立深层次的情感、信任关系，从而最终达成营销目的。

（2）多样性：内容营销的多样性主要体现在以下3个方面。

①多样的内容形式与载体：H5、短视频、融屏技术、AR、VR等新兴技术大丰富了内容呈现形式与载体，从视、听、感等方面增强了用户心中多维度的印象、构成立体化的体验。

②多元参与主体：在内容营销的流程中，无论是内容生产、创意策划还是内容传播，都能够由广告方、平台方、普通消费者、KOL等多方主体共同参与，协作完成。

③多种信息来源：内容所传达的不再是品牌方或权威机构的单一声音，消费者通过内容能够获取其他消费者、意见领袖、品牌竞争对手等营销环境中全部参与角色的信息，全角度了解品牌或产品的真实情况。

（3）交互性：菲利普·科特勒将传统广告比拟成"广播"，而将内容营销比拟为"对话"。这一比喻表达的是，传统广告是单一线性的传播模式，信息只能从广告方传递到消费者，广告方与消费者之间无法进行双向交流；而内容营销则是交互性的传播过程，借助社会化媒体建立起广告方与消费者之间双向沟通的桥梁，发起广告方与消费者之间的对话。这里的"对话"不是指面对面地交谈，而是广告方通过在社会化媒体上发布能激发消费者交流意愿的内容，引发消费者对内容做出回应，向广告方传达自己的观点和思想，双方在长期的交流和互动过程中加深对彼此的了解与情感连接。

（4）分享性：过去人们很少会去与他人分享一则传统广告，而如今品牌在社交媒体上发布的一则内容却能够引发人们的热议和转发的热潮，这是由于内容营销具有分享性的特点。

(三)内容营销的分类

从内容的角度来划分,内容营销主要有三大类,即娱乐型内容营销、功能型内容营销和情感型内容营销。

1. 娱乐型内容营销

提供给消费者休闲娱乐的体验,帮助消费者打发闲暇时间。这类内容注重的是娱乐性、幽默性,为消费者带来有趣的信息,在欢声笑语中潜移默化地传递出品牌精神与产品信息。杜蕾斯品牌便是娱乐型内容营销应用的成功典范之一。杜蕾斯的品牌微博账号近年来一直保持幽默风趣的品牌形象,持续产出带有搞笑内涵元素的作品,深受粉丝喜爱。很多消费者不愿看广告,却会主动去看杜蕾斯的文案并津津乐道,正是源于其内容的娱乐性。其发布的海报、文案看似无厘头,但实则隐含了品牌文化和产品性能信息,借此提高了品牌知名度和产品推广效果。

2. 功能型内容营销

注重内容的实用性,其所包含的信息能被用户使用或为用户提供实际帮助,进而成为消费者维持日常生活无法脱离的一部分,长期为消费者提供服务。功能型内容营销对用户的作用主要包括以下 2 种。

(1)教育科普作用,让用户通过阅读内容掌握新的知识或技能,比如佳能推出一档名为"佳能 101"的科普教学节目,教授用户如何正确运用相机设置和镜头拍出更好的照片。

(2)参考指导作用,为消费者提供决策建议,比如"支付宝"App 在理财产品板块推出"理财小黑板"栏目,可根据用户个人的资产水平、投资偏好,为用户推送适合的理财产品,并进行介绍和推荐,提供理财建议。

3. 情感型内容营销

通过刺激消费者的某种特定情绪,满足消费者心理诉求,引发消费者情感共鸣。相对于功能型内容营销针对消费者的理性诉求,情感型内容营销则注重消费者的感性诉求,强烈的情感往往能够对消费者行为产生巨大的影响作用。亲情、爱情、友情、爱国等情感是情感性内容的经典主题，比如百雀羚推出的母亲节广告片《妈妈的脸爱说谎》，通过描绘母亲为家庭无私奉献的情景，触发身为子女的每一个人对母爱的感恩之情。这类普遍性情感是人类的本能，能够引起广泛的共情效应。除了普遍性情感，诸如追逐梦想、热爱自由、追求平等等情感主题也常被运用于针对特定目标群体的内容营销，比如内衣品牌"内外"推出的广告片《没有一种身材，是微不足道的》，唤起众多女性群体自爱、自信的积极情感；白酒品牌"江小白"在瓶身印制"经典语录"——"不做社会流水线式的产物，我们是时代的先行者""我们不要成为马云，要做最好的自己"等，表达了年轻一代"叛逆"青年对打破规则的强烈向往。

二、内容生产与内容传播

内容生产与内容传播是内容营销的两大重要组成部分。内容生产是内容营销的价值来源，没有好的内容便无法达成营销；而离开有效的内容传播，无论生产出的内容如何精彩，也无法触达受众实现其价值。

（一）内容生产模式与流程

数字时代的内容生产是传媒领域的社会化大生产，其生产模式与生产流程都发生了重大变革。不仅允许不同的主体在同一时间、同一平台进行内容的制作和传播，同时也打破了传统大众媒介信息生产流程的机械化、简单化特点。

1. 内容生产模式

优质的内容生产才能带来更多的用户，带来更大的价值，并且促进营销的变现。互联网技术的不断发展，不仅使内容的来源更加多元化，并且令内容生产的主体不再局限于专业的营销团队或者媒介机构。智能设备的普及使每个个体都拥有了利用媒体进行自主选择、表达自我的权利，全面生产的时代已经到来。现阶段的内容生产主要包括以下4种形式。

（1）BGC模式：BGC模式即"品牌（企业）生产内容"。BGC的内容生产主体是品牌自身，由品牌方主导设计和发布原创内容。这类由品牌方原创的内容，可以更好地把握主题方向，表达品牌深层次的精神内涵，向消费者传递品牌价值观。众多知名品牌都拥有自己的内容创作团队，深度研究如何将品牌文化、品牌理念融入内容之中，创作蕴含品牌价值的广告作品。

（2）PGC模式：PGC模式即"专业生产内容"。PGC的主体是具有专业性的专家，他们在某一领域具有专业身份（资质、学识）。品牌可以邀请在某领域比自己更具有发言权的专家来产出内容，由专家来为用户提供更具权威性的内容，以转化或吸引更广泛用户的关注。知乎平台上的许多"大V"（公众人物）是某些领域的专业人士或资深爱好者，这些大V便是典型的PGC代表。许多品牌会在知乎上物色并委托相关领域的大V对自己的品牌和产品进行评测及推广，比如华为和小米等数码科技品牌在新品发布前都会邀请知乎数码领域大V提前试用新产品并发布体验评测。

（3）UGC模式：UGC模式即"用户生产内容"。UGC的生产主体是普通的用户，社交网络上的任何用户都能够参与内容创造。零门槛限制让用户获得发挥能力、表达自我的机会，可充分调动用户参与内容创作的积极性，用户生产内容的形式非常广泛，除了用户制作的广告作品，消费者的在线评论、转发、弹幕、留言、购买评价、体验分享等，都属于用户生产内容范围。

用户生产的内容从普通人的视角出发，往往更贴近普通用户的现实生活与真实情感，更能打动消费者的心灵，对于消费者来说也往往更有说服力和可信度。此外，用户生产的内容能够借助用户的社交网络进行传播，用户既是受众群体又是传播渠道，有机结合了媒体传播渠道和人际传播渠道，大幅提高了传播效果。

（4）PUGC模式：PUGC模式即"专业用户生产内容"。PUGC是UGC＋PGC相结合的内容共创模式，多方内容生产主体相互配合。PUGC模式不仅有着UGC内容的广度，同时还拥有PGC内容的专业深度；PUGC中的专业用户既是平易近人的普通消费者，也是具有专业能力和粉丝影响力的"半专业人士"。

在PUGC模式下，品牌方、平台方、用户共同承担着内容生产的任务，组成了一个共生的群落。平台方会在普通用户中选拔一些具有培养潜力的对象进行包装和打造，给予这些用户专业技术、创作资金、平台流量等方面的支持，将其培育成为具备专业知识和技能、影响力更大的内容创作"达人"。品牌方则在投放平台上挑选符合需求条件的"达人"用户，委托其创作内容来为品牌做营销。小红书便是 PUGC 模式盛行的平台之一，小红书将众多素人用户培育成"网红"博主，这些"网红"平日里会和普通用户一样在小红书上分享自己的日常，在接到品牌的商务推广活动后则会创作相关营销内容发布于自己的社交账号主页。

2. 内容生产的流程

内容的生产相对于传统广告制作更为复杂，涉及细分受众群体、媒介平台选择、多元生产主体等诸多因素，因此需要进行详尽的生产流程规划，有序执行任务。内容生产的流程主要分为以下 4 个步骤。

（1）确定内容生产目标：品牌在进行内容生产规划时，第一步是确定内容生产的目标是什么。设定目标是内容生产的起点，只有跟随正确的目标方向才能创造出成功的内容。

设定内容生产目标需要明确以下 3 个方面的问题。

①为何而生产内容？生产者先需确立本次生产内容的首要目的是什么，比如是要塑造品牌文化，或是吸引潜在顾客，抑或是与忠实用户加强感情等。

②为谁而生产内容？生产者需要明确品牌内容的目标受众是谁，具有怎样的特点和需求。

③生产何种内容？生产者需要预设向受众传递什么样的信息，结合品牌的营销目的与受众的需求，选择内容的类型和风格等要素。

（2）建立内容生产规划：在确定了目标后，便可以依据目标建立内容生产规划。建立内容生产规划的目的是实现最大化的品牌资源利用和高效率的内容生产过程。内容生产规划涉及内容标题、内容类型、内容受众角色、内容生产者、内容篇幅、内容叙事风格、创建日期及发布日期等，是在正式进入内容生产流程前就要明确的生产指南。

在建立规划前,先要明确品牌有哪些可以利用的内容资源,创建品牌内容资产清单并进行实时更新,以便更好地运用内容资源指导内容生产。

内容生产规划需要细致到每一天的生产任务规划,建立具体的任务推进日程表,让所有参与者都能知道要在何时执行怎样的工作,便于监督生产进度的推进,保障内容生产任务按时按需、保质保量完成。

(3) 组建内容生产团队:内容生产工作需要多种职能人员的合作,包括主题专家、调研人员、文案人员、平面设计师、视频拍摄团队等。此外,内容生产团队中可能既有公司内部团队,也有外包代理团队,甚至包含互联网上的普通用户。在复杂的成员组合情况之下,团队成员之间的沟通和反馈变得愈加重要。各个内容生产团队和人员之间需要定期召开会议,同步进度,统一方向,交换资源和灵感创意,促进更好的协同合作。

(4) 管理和评估内容生产:为了保障实际的内容生产过程符合规划目标,在内容生产正式进入制作流程后,需要对制作流程进行管理。广告企业通常会设立专门的内容经理,负责全程监督管理内容生产的具体操作与进度推进。借助现代化技术,许多大型营销公司采用自动化的工具来管理大规模内容制作流程,内容制作的进度会实时同步于公司内部网络平台,由数字智能系统进行自动追踪。

在内容制作完毕后,还需要对内容成品进行评估,看是否符合生产目标和生产规划,如存在问题则需要进行返工修改。

(5) 上传并发布内容:在内容创作完毕并通过评估标准后,即可上传网络并进行内容传播分发,这一环节通常会交由专业的内容传播团队来执行。

(6) 整理并共享内容包:生产完成后的内容除了在当期进入传播渠道,还可以进行重复利用或在原内容基础之上进行再创作、再拓展。企业可以整理归纳创建内容的"主题""受众""主要元素""生产具体流程"等描述形成列表,将内容收纳入公司的内容资源库,与其他生产团队共享使用,便于未来的资源查找与利用。

（二）内容创意与创意引爆

从传统广告时代到数字营销时代，即便在形式、形态和内涵上发生了各种变革，但创意一直是广告不变的核心。在内容生产中，精彩的创意依然是内容引爆的关键因素，与时俱进的创意思维也依然是广告人的看家本领。

1. 数字时代的内容创意实质

一件产品、一个品牌或者一个企业，想要在消费者心中留下难以磨灭的印象，那么它一定要有一个触达消费者"味蕾"的东西存在，这个东西区别于其他共同的存在，要么是其本身的特质，要么是营销商基于消费者需求，组合媒介技术带来的令人耳目一新、印象深刻的内容创意。

创意，这一概念发轫于广告，运用于广告，成熟于广告。

内容创意是广告取得预期效果的灵魂，也是数字营销时代广告最为核心的竞争力。内容创意只需将用户的需求作为前提，以一个创新且有趣的话题或者形式将品牌的内容融入进去，使内容具有品牌独一性即可。

社会化媒体的出现，给予了内容创意更多的表现可能性和选择可能性，增加了交互感和临场感的体验。传统媒体广告，依赖于传统媒介的公信力，是单向度、线性的诉求创意，对于大众是一种立足于市场的垂直吸引力；而社交媒体广告中的内容创意，是网状多元的双向互动传播，对于社交媒体用户而言，能够在内容的深度、广度及社会性上产生不同以往的效果，是一种面向差异化、碎片化需求用户的水平连接力。

技术的支持，不仅使营销商能够在内容的来源、形式、信息、载体等方面产生新的想法，更可以通过社会化媒体建立起营销商与用户、用户与用户之间的多种联系。数字时代的内容创意，是多种内容、多种形式和多种关系相互共融的结果。

2. 数字时代内容创意引爆的方法

随着媒介技术的不断进步，传播载体、传播特点、传播效果都产生了新的变化，内容在创意制作和传播过程中也更加关注受众在营销传播中的主体地位，并期望集结庞大受众群体的力量来为品牌进行营销宣传。数字时代的创意不仅要牢牢抓住用户的注意力，更是要通过创意引爆用户的传播、分享、参与和再创造，获得最佳的营销效果。

（1）挖掘内容蓝海：人类的天性便是对新颖的事物感兴趣而对重复性的事物感到乏味，也更乐于向他人分享新鲜事物。因此广告方需要通过创新性思维的运用生产新颖的、差异化的创意内容。数字时代网络上已存在大量同质化内容，广告方要杜绝千篇一律的内容生产，挖掘那些无人涉足或尚未饱和的内容领域，即内容蓝海。内容蓝海可以是别出心裁的表现风格或是令人耳目一新的呈现形式，也可以是被大众忽视的小众文化等。

（2）借助时事热点：社交媒体时代，人们会自发地在网络上对一些社会重大事件或话题进行搜索、讨论和转发，从而形成网络热点。企业可以借助这些热点所自带的巨大传播力和影响力，通过创意的手法把自身品牌的产品信息或品牌理念巧妙地融入社会性热点话题中，从而为内容增加媒体曝光度和社会关注度，扩大传播范围。比如里约奥运会期间，天猫专门开设了一个"天猫超级运动会"话题，中国国家队每获得一块奥运金牌，天猫便发布一张与该夺金项目相对应的创意海报，借助奥运会的国民关注度提升自身热度。

（3）加入分享元素：社会化媒体的兴起，使用户作为传播主体的意识和欲望不断增强。用户在接受内容的同时，也希望完成"分享"的诉求。通过在内容中设计一些能够引发人们分享和参与行为的元素，一方面可以引起用户自发参与内容的传播，使内容获得大量曝光，提高品牌知名度；另一方面还可以通过参与和互动，增加用户对于产品或者品牌形象的好感度和忠诚度。

我国月饼品牌华美月饼，便是通过在创意设计中融入分享元素，举办了多场引爆用户参与分享的内容营销活动。例如，2014年华美推出了一款"会说话的月饼"，在月饼礼盒上印刷一个二维码，购买月饼的送礼方用户在扫码后可以录制一段中秋祝福语上传网络,而收货方通过扫码可以进入华美设计的品牌微信公众号 H5 界面收听对方的祝福语,这种祝福语传递的过程即是一种内容分享的过程。该营销活动在微博曝光量达 2.8 亿次,活动参与量 11 万人次,这种引爆效果既来源于新颖的创意形式,也归功于创意中所包含的分享与参与元素。

（4）邀请用户共创:单一个体的创新思维是有限的,而群体的智慧是无穷的。在内容创作过程中,借助社会化媒体平台的开放性与互动性,品牌方可以主动邀请用户参与内容创作,发挥广大用户群体的智慧,集思广益,获取优秀的创意和思路。例如,英特尔曾推出视频创意大赛,通过提供各种奖励,让用户参与为英特尔拍广告;酷 6 网与伊利、爱国者、联想、摩托罗拉、微软等知名企业联合举办了视频大赛、其中的优秀作品具有很高的热度。这些源自用户群体中的内容创意,往往更能贴合普通用户的心理,结合广告方提供的强大技术、平台等资源,双方能够合作创造出具有超越性的创意作品。

（三）内容传播

生产出有价值、有创意的内容只是成功营销的第一步,在当下信息爆炸的传播环境中,每天都有无数内容在互联网平台上生成,再优秀的内容也有可能被淹没在信息的无边海洋里。因此,内容营销需要通过内容传播来发挥和传递其真正价值,广告主需要通过合适的内容传播让消费者发现自己的产品或者品牌。内容传播主要分为内容分配和内容推广两个环节,先选择内容分配的媒体渠道,再通过该渠道面向用户进行内容推广。

1. 内容的分配

媒体是内容通往消费者身边的渠道,内容传播首先需要选择内容分配向哪些渠道传播。内容营销可以使用三类媒体的组合实现内容合理有效的分配:自有媒体、付费媒体和获得媒体。

（1）自有媒体:品牌的自有媒体包括旗下的企业官网,以及微信公众号、微博账号、短视频账号等社交媒体平台账号。

自有媒体渠道完全被品牌方所掌控，品牌可以随时通过自有媒体发布内容。一般而言，自有媒体的传播受众都是忠诚的品牌现有粉丝或者想要了解品牌的交易客户。自有媒体分配内容的主要目的就是与这些核心用户和边缘用户保持长期的联系，建立稳固的关系，增强用户黏性并提升品牌忠诚度。自有媒体的劣势在于，受限于受众的单一性，单凭自有媒体的内容传播很难拓展全新的用户资源，因此需要利用付费媒体和获得媒体来为自有媒体引流。

（2）付费媒体：指品牌为了分配内容而支付使用的媒体，数字营销中的付费媒体包括搜索引擎的推荐、付费的社交媒体投放和移动广告媒体等。

广告主根据自身需求与媒体平台签订合同，根据投放媒体对内容达成的曝光次数、转化率等指标付费，或者为内容购买搜索推荐位置和用户推送次数。一般而言，付费媒体被用来挖掘新的市场，开发潜在客户，为自有媒体带来流量，扩大产品或者品牌的知名度。在付费媒体投放中，具体的用户选择和监测权都由媒体平台方掌握，广告主的自主权会相对降低。

（3）获得媒体：包括品牌通过网络口碑或者用户自发分享所获得的曝光和普及。在获得媒体中，消费者即是媒体，消费者即是渠道。

当内容具有分享和传播价值时，用户便会通过自己的社交关系网络对内容进行二次甚至多次分享，借由用户的社交网络扩散，形成良好的口碑和强势的曝光。获得媒体是品牌需要日积月累形成的媒体资源，这一过程往往需要自有媒体和付费媒体的互补协助，帮助品牌吸引并笼络一批喜爱品牌内容并乐于分享的用户。

企业在进行内容分配时，需要基于内容特点、渠道特点和目标受众渠道使用特点来建立内容分配渠道方案。根据不同渠道的功能与传播特性，合理选择与搭配以上三种渠道，发挥各类渠道的最大效用。

2. 内容的推广

在选定内容分配的媒介组合后，下一步需要在媒体平台上进行内容的推广，使内容传播到更大范围，触达更多目标用户。随着数字技术的成熟和用户碎片化、差异化的需求变化，目前主流的内容推广模式包括算法推广和社交推广两种。在现实的应用场景中，广告方通常会同时结合运作这两种模式来协同完成精准、高效的内容推广。

（1）算法推广：依托大数据、云计算和人工智能等技术的算法分发模式是内容推广最为精准的模式。一方面，媒体平台会全面收集用户在互联网上有意或无意间留下的"痕迹"，包括个人基本信息、所处地理位置、消费信息、媒体使用记录、内容浏览记录等多方面的数据信息，然后对这些数据进行系统化的分析，形成用户画像。用户画像由大量的"标签"所组成，每一个标签通常是人为规定的特征标识，用高度精练的特征描述一类人，如年龄、性别、兴趣偏好等，比如一名"哔哩哔哩"（简称B站）上的女性用户可能在后台用户数据库中被标有"女性""学生党""追求时尚""热爱美食""喜欢韩剧"等标签。

另一方面，广告方也会为自己所发布并需要推广的内容选择内容分类标签，或者由平台方的内容审核人员或人工智能系统来添加。同一个内容通常会有多种类型的标签，比如B站上介绍世界各地美食的用户可能会同时有"美食""科普""海外""旅游""探店"等标签。

在进行内容算法推广时，平台智能系统将不同形式、不同类型、不同维度的内容对与其标签相匹配的用户群体进行定向推送。依靠算法进行的数据化分析是个动态连续的过程，并且根据用户不断变化的使用习惯和碎片化的实时需求进行调整，形成"千人千面"的内容推广。

（2）社交推广：通过社交媒体平台的人际关系网络实施社交推广也是一种重要的推广渠道。随着微博、微信、短视频等社交媒体覆盖越来越多用户的生活，社交媒体上的内容通过互动网络逐渐去中心化，每个用户不仅是广告的受众，同时也成为广告的传播主体。

社交推广的核心是借助品牌的忠实粉丝及社群成员的力量对内容进行点赞和分享，推动内容扩散，打造网络口碑，创造内容的蜂鸣效应。在内容推广中要注重品牌粉丝的培育和维护，构建优质社群，利用品牌所积累的粉丝和社群力量，在社交媒体上实现内容传播范围的扩大及影响力的提升。

KOL 意为关键意见领袖，通常被定义为：拥有更多、更准确的产品信息，且为相关群体所接受或信任，并对该群体的购买行为有较大影响力的人。利用社交媒体平台上的 KOL，进行内容推广也是近年来越来越人们的社交推广手段之一。社交媒体上的 KOL 在社交媒体上拥有一定数量粉丝，聚集有一定的关注者和粉丝群体，具有特定领域较高的影响力，比如 B 站上的 UP 主（上传者）、淘宝直播的带货主播、微博上的网红大 V 等。广告主通过与相应领域的 KOL 进行商务合作，邀请 KOL 在其社交媒体账号发布或转载品牌内容，为品牌进行营销宣传。由 KOL 所发布或转载的内容通常都会获得较高的播放量、转发和评论，推广的力度远超普通用户。

三、内容营销的策略

作为新兴的营销形态，内容营销在不断发展与探索过程中初步形成了自身独特的策略体系，主要由吸引力策略、连接力策略和共情力三个部分组成。

（一）吸引力策略

数字时代，用户注意力资源变得愈来愈稀缺，各个品牌所发布内容之间的竞争日益激烈，吸引力在营销传播中的作用越发凸显。正如长篇文章的开头必须让消费者感兴趣，消费者才能继续浏览全文，内容营销需要具备吸引力，才能为后续进一步营销策略的开启做铺垫，从而充分发挥内容的全部价值，实现营销目标。因此，吸引力策略是内容营销的首要策略。

在传统广告营销的语境中，吸引力被视为广告吸引消费者注意的能力。从路易斯提出的 AIDA 推销模式，到研究消费者行为模式的 AIDMA 模型、AISAS 模型，广告对消费者心理的研究总是以吸引消费者的注意力（attention）为起点，然后再推及后续的了解、购买和分享等行为。进入数字营销时代后，菲利普·科特勒将"AIDA 模型"丰富为"5A 模型"：了解（aware）、吸引（appeal）、问询（ask）、行动（act）、拥护（advocate）。在"5A 模型"中，"了解"和"吸引"仍然是消费者后续意愿和行为产生的重要先决条件，表明了实施吸引力策略的必要性。

传统营销中的吸引力策略便是围绕消费者的注意力来开展的，基于消费者心理和行为机制，通过创造刺激消费者生理及心理的信息来尽可能地攫取消费者的注意力。在这种单向刺激的模式下，消费者常常会被一些自己完全不感兴趣的广告强制吸引目光，有时候营销效果可能适得其反，比如早年间的一些魔性洗脑广告引起消费者的反感与抵制。

与传统营销不同，内容营销的吸引力策略并不是以吸引消费者注意力为核心。在内容营销的吸引模式下，消费者不再是客户群体中无差别的刺激目标对象，而是具有独立人格的、具备思想的、鲜活的、身处于社会关系当中的个体。内容营销的吸引力策略，是通过内容展开与品牌和消费者之间的平等交往过程，满足消费者个性化的需求和渴望，输出品牌价值观，使消费者在感受到尊重与满足的同时，自然而然地被品牌吸引，产生接触品牌、亲近品牌的欲望，进而与消费者建立并保持长期亲密与信任的关系。实施吸引力策略有以下 3 种常用方法。

1. 塑造品牌人格

在人与人之间的交往中，人们更容易被与自己志同道合、兴趣相投的人所吸引，想要与之深入了解和交往。对于品牌来说亦是如此，品牌也有自己的独特理念与价值观，消费者会更倾向于亲近与自己理念相契合的品牌。品牌可以通过内容营销来塑造自己的品牌人格，将品牌精神内核融入内容并进行传播，讲述品牌故事，将品牌独特的个性形象深深地植入消费者的心智，吸引与品牌具有相同理念、共同想法的消费者。

2. 提供个性化内容服务

在由价值观、社区、链接和技术构建的数字时代中，消费者在营销传播中的主体意识得到觉醒并不断增强。在营销服务过程中，消费者希望自己作为"人"的个性与独立性能得到尊重，相比"千人一面"的营销服务，更希望能获得差异化的对待。

通过为消费者提供个性化的内容服务，更能让消费者被内容所吸引。许多品牌会为用户提供精确到个人的定制化内容服务，比如游戏平台 Steam 会定期向用户发送邮件，在邮件中根据用户平时玩游戏的习惯和偏好，向用户介绍和推荐几款符合其喜好的新上市游戏。对于千篇一律统一发给所有人的推销广告，人们可能完全没有兴趣点开，而这种针对个人特性而生成的、定向推送的个性化内容，则会更有兴趣浏览。

3. 关注细分人群和小众圈层

不同的消费者群体具有不同的内容需求和媒体使用习惯。如老年人、残疾人等特殊群体以及亚文化圈层的需求就需要进行差异化关注和针对性处理，定制生产符合这些特殊群体或圈层所需求的内容。

此外，一些小众圈层长期被主流所忽视，渴望得到理解和认同。品牌通过内容表达对这些小众圈层文化的尊重与认可，并借助自身的影响力，帮助这些小众圈层走进大众视线，让小众圈层中的消费者对品牌产生兴趣和好感。如江小白在品牌内容中融入大量"嘻哈"文化，并通过举办嘻哈音乐节等活动，助推嘻哈文化的传播与复苏，由此引起众多嘻哈爱好者对江小白品牌的关注，其中有部分嘻哈爱好者被成功转化为江小白的品牌追随者。

（二）连接力策略

数字市场的新变化带来了互联网下连通一切的逻辑，借助数字技术建立起品牌、信息与人的多方广泛连接，并将其转化为数字网络上的一个个节点，形成连通性的价值网络。高度连通性的实现要求内容营销必须具有连接力策略，通过内容连接品牌与消费者，共同参与品牌的发展。

连接力策略主要有以下 3 种形式。

1. 以信息为媒介的连接

信息连接是最表层的连接。在信息连接中，品牌通过信息流通渠道实现与消费者之间的触达与互动。一方面，品牌方为消费者提供其需要且想要了解的信息；

另一方面，品牌方能够全面收集消费者的反馈信息，从而形成品牌与消费者之间双向的信息交流与交换，建立以内容满足消费者信息诉求为基础的信息连接。

内容的异质性和丰富性是提升信息连接强度的两大要素：内容的异质性强调信息的差异性和原创性，要求品牌具有一定的内容原创能力，不能照搬他人的内容资源；内容的丰富性则强调信息的广泛和多元，要求品牌不能长期发布内容重复的单调性内容，而要有不断地变化、拓展和创新。

2. 以需求为媒介的连接

以需求为媒介的连接，是根据由消费者的生活方式、兴趣圈层、经济属性所生成的消费者画像，结合品牌自身定位与资源，生产满足用户个性化需求的内容，提升品牌与消费者的互动精度和连接效率，建立强有力的品牌黏性。需求连接相对于信息连接层次更高，也更为稳固。

品牌内容不仅局限于满足消费者对于商品和服务的需求，而且要包含消费者生理和心理上的多元需求。品牌内容既要在日常生活中帮助消费者满足基本的生理需求、安全需求，也要长期探索如何助力消费者实现社交需求、尊重需求和自我实现需求等高层次需求。最终养成消费者对于品牌的需求依赖，使品牌及品牌内容成为消费者生活中不可或缺的一部分，从而与消费者建立强有力的连接。

3. 以情感为媒介的连接

情感连接则是更高维的连接层次，能够把繁杂的信息和企业的内容资源变成可以和消费者进行沟通的语言并展开有效的对话，在对话中实现品牌和消费者的彼此了解，建立互相信赖、内涵深远的品牌关系，构建多节点、多中心的全面关系网络和更高层级的连接。

在连接力中，信息和需求连接是一种外在连接，而情感连接则是更深层次的内在连接，这种深层次连接的实现，需要在长时间的交流与互动中培养而形成。品牌只有坚持长期用心为消费者生产内容，以内容来向消费者传递真情实感，才能赢得消费者的情感回报，在日积月累中成功建立双向的情感连接。同时，情感连接在建立后需要维护保持，否则消费者对于品牌的情感会随着时间的推移而淡化直至消失。品牌方需要通过内容与消费者进行长期且持续的情感交流，在与新用户发起对话的同时，也要定期与老用户沟通。

（三）共情力策略

在内容营销的三大策略中，吸引力策略是内容营销发生作用的前提，连接力策略是产生连接、建立价值传递渠道的基础，而共情力策略则直接指向了内容营销的根本价值和结果实现。

共情是一种在人际互动过程中出现的心理状态。共情并非"同情"，也不能被简单地视为产生感情。共情是由人本主义心理学创始人罗杰斯提出的概念，他将共情定义为一种"能够感知和体验他人世界"的能力。共情包含了认知和情感两大要素，认知要素是认识对方观点并产生理解情绪的过程，情感要素则是基于认知发生的与他人情感分享的状态。

在内容营销中，共情力策略是指通过内容引发品牌与消费者之间的共情，既能够在认知上与对方达成共识，又能在情感上与对方分享自己的真情实感并理解对方的感受。在高度共情的状态中，品牌方与消费者能够真正彼此理解，彼此认同，彼此尊重，彼此信赖，形成亲密无间的稳固关系，达成品牌方与消费者之间最理想的状态。这种状态的实现可以说是内容营销追求的终极目标。

加强共情力主要有以下 3 种方法。

1. 情感细分加深内容感染力

人类的情感是复杂而细腻的。心理学家艾克曼（Ekman）与弗里森（Friesen）提出人类有六种基本情感，包括快乐、悲伤、恐惧、惊讶、愤怒和嫉妒。而这六种情感可以相互组合，派生出各种复合情绪，比如抑郁、压抑、兴奋等。除了基本情感，人类还具有友情、爱情、爱国等高层次情感。

在内容创作中有针对性地融入某种具体且真实的情感，更容易击中消费者内心的情感触点，唤起共情。因而内容生产方需要对目标用户的情感发起深入探究并进行详细的情感区分,精准把握用户隐藏在内心深处的真实情感,将内容与目标用户鲜明清晰的情感需求相结合,设计出能够打动人心、产生共鸣、引导共情的优质内容,并引导用户在购买行为中实现情感的释放和精神的满足。

2. 参与互动分享情绪价值

在当下的数字环境中,共情有两种不同的方式:围观共情与参与共情。在围观共情中,用户扮演旁观者的角色,身处事件的外围而非中心,仅是因为受到事件波及而产生情感,这种共情是间接感受而非直接体验。在参与共情中,用户是事件的直接参与者,这种情感的产生是在直接的对话、交流与行动等互动形式中产生的,这种共情因其切身性和临场感而具备更加深刻和深远的情感体验,因而由用户参与和互动引发的共情成为内容营销更为追求的一种情感体验。

为了引发更为深刻的参与共情,品牌方需要通过内容引导用户与品牌进行互动,为情绪共享创造空间和条件,推动用户在互动中共享情绪并互相认可。在品牌与用户互动所引发的共情中,内容所承载的品牌理念与用户的个人思想之间实现了情绪上的共享与交流,从而有助于共情的发生。

3. 适配场景凸显共情效应

"情由境生""触景生情",场景能够带来身临其境的沉浸式传播。场景中的"场"是指物理意义上的所处空间,而"景"则强调物与物、人与物、人与人的交互和结合,包含了丰富的人物情感和情绪渲染能力,天然地具备鼓励认知同化和引导共情产生的优势条件。在营销过程中将内容与场景适配,能够更好地引发共情效应。

品牌方需要根据用户生活习惯所构建的基础场景来精准抓取其特定需求,创造并分发与用户日常生活行为习惯相贴合的内容:根据用户身处的空间场景来塑造适当的内容,为用户提供服务价值;根据用户的实时物理状态传播与消费者行为场景相契合的内容,提供个性化的信息服务;根据用户深层次的心理状态拉近与用户的心理距离,激发情感共鸣,提升品牌情感附加值。

第二节 智能营销传播

智能营销传播是由智能技术赋能数字营销传播后，经过演化升级而诞生的新型数字营销传播形态，其构建了新的信息生产与传播模式，实现了品牌方与消费者之间的协同共建，互利共赢。智能化是数字营销传播产业发展的必然趋势，依托大数据与人工智能技术的智能营销传播将会是未来数字营销传播的生存形态。

一、智能技术与智能营销传播

智能技术是智能营销传播的诞生基础与发展推动力。随着各类新型智能技术的研发与应用，当下的营销传播产业正在被智能营销传播重构和优化。

（一）智能技术的发展

近年来在数字经济的浪潮下，智能技术进入高速发展时期。在数字化与大数据作为底层技术的基础之上，又迸发出多项给社会和经济带来重大变革的新型智能技术。目前处于核心发展地位并已得到规模化应用的新型智能技术主要包括以下4项。

1. 人工智能

人工智能的概念最早在1956年的达特茅斯会议上提出，英文全名为Artificial Intelligence，简写为AI，起初被定义为"用计算机来模拟人类的逻辑思维"。广义上的人工智能等同于"机器智能"的概念，即包含了一切机器具有的智能。

早年间受限于计算技术的瓶颈，人工智能技术的发展较为迟缓。至21世纪初，计算机的计算能力大大提升，基础设备与算法理论同步获得突破，人工智能技术由此开始爆发式发展。自2016年以来，全球各大互联网公司都开始进入人工智能领域，比如国外的Google、Facebook、亚马逊和微软等公司以发展人工智能为核心战略，在人工智能研发方面投入大量的精力与资源；国内的百度、腾讯、阿里巴巴也纷纷创建人工智能研究机构，积极投身AI技术研发。

目前为止，人工智能的发展可以分为三个层次：基础层、感知层和认知层。

基础层的人工智能属于计算智能，即计算机具备超强的存储能力和超快的计算能力，能够基于海量数据进行深度学习，通过历史数据分析指导当下行为。比如电商网站能够根据用户的消费记录、浏览记录分析用户偏好，从而进行商品推荐。

感知层的人工智能属于感知智能，指机器能够模拟人类视觉、听觉、触觉等感知能力的技术，包括图像识别、语音识别、音视频识别及体感技术手段，比如目前已较为常见的AR、VR便是感知智能的应用。

认知层的人工智能属于认知智能，指机器具备和人类大脑一样的思维功能，拥有理解能力、归纳能力、推理能力及运用知识的能力。比如基于语义理解和知识图谱的智能客服平台，能够准确辨析用户提出问题的含义，理解其中的逻辑，进而给予对应的解答。认知智能相对计算智能和感知智能来说更为复杂，目前仍处于探索与发展中。

2. 物联网

物联网的概念最早由凯文·阿什顿（Kevin Ashton）于1999年提出，英文为Internet of Things，简称IoT。物联网是一种物物相连的网络，强调将"物"连接进入计算机或是互联网络。它通过前端的感知设备，如红外感应器、GPS定位系统、激光扫描器等，将海量物理实体连接在一起，从而实现对物理环境和物体的识别、定位、跟踪、监控和管理。

物联网的终极目标是连接一切物体，让物体能够与其他人、物体、环境或者系统进行数据传递与信息交换，最终使人类能够更好地控制、管理、利用外界的环境与事物。近几年物联网在工业、农业、城市建设等各个领域都得到深入应用，渗透于人们生活中的方方面面，如智能家居设备中通过温度传感器自动控制的通风系统和温度系统，自动驾驶汽车与城市交通系统联网进行双向的实时数据交换，以及工厂中的环保设备对环境污染实时检测等。

3. 5G

5G 技术全称为 5th Generation Mobile Communication Technology，即第五代移动通信技术。作为 4G 的延伸升级，5G 具有高速率、高带宽、低延时、低功耗等特点。在 5G 网络下，传输速率将提升 10～100 倍，最高传输速率可以达到 10 吉比特每秒，端与端之间的延时将控制在 5～10 毫秒内，设备连接密度将扩增 10～100 倍，流量密度提升 1 000 倍，频谱效率提升 5～10 倍，为用户带来全新的通信体验。

除了为日常移动通信提供更高效、更稳定的信号传输服务，5G 还能够应用于多种场景。国际电信联盟（ITU）定义了 5G 的三大类应用场景，即增强移动宽带（eMBB）、高可靠低时延通信（uRLLC）和海量机器类通信（mMTC）。

增强移动宽带（简称 eMBB），其主要功能为大幅提高数据传输速率，峰值可达到 20 千兆比特每秒，并且能够容纳更多的流量。eMBB 主要面向高宽带需求的业务，为移动互联网用户提供更加优质的通信体验，常应用于在线 4K/8K 超高清视频传输、AR/VR 体验构建等。

高可靠低时延通信（简称 uRLLC），其主要功能是使网络传输在极高可靠性下运行，并且使关键基础设施和计算机之间的延迟小于 1 毫秒。URLLC 主要面向对时延和可靠性具有极高要求的业务，常见应用于远程医疗、远程工业控制、自动汽车驾驶等。

海量机器类通信（简称 mMTC），具有传输数据较小、可容纳设备数量规模巨大的特点，因此能够构建大量自主 / 半自主设备之间的通信网络。mMTC 主要面向以传感和数据采集为目标的物联网应用需求，包括智能家居、环境监测、智慧城市等。

5G 作为一种新型移动通信网络，解决的不仅是人与人通信及用户通信体验的问题，更是要搭建起人与物、物与物之间的通信网络。未来 5G 将广泛应用于各个行业及各个领域，成为支撑社会智能化转型的关键基础设施。

4. 云计算

云计算是一种用于处理大数据的技术手段，英文为 Cloud Computing。NIST（美国国家标准及技术研究所）对云计算的定义为（意译）："云计算是一种能够通过网络以便利的、按需付费的方式获取计算资源（包括网络、服务器、存储、应用和服务等）并提高其可用性的模式，这些资源来自一个共享的、可配置的资源池，能够以最省力和无人干预的方式获取和释放。"云计算即是通过网络为用户按需提供廉价的计算服务，用户不再需要耗费大量资源去建设底层网络基础设施，而是能够以低成本的费用直接借助云端网络的强大计算能力完成对庞大数据的储存、传输和高速运算，从而降低整体运营成本。

云计算的服务可以面向个人用户，比如人们通过上传照片至云端服务器来储存或与他人共享，或者通过 WPS 办公软件与他人共同在线编辑文档；同时也面向企业和政府，比如"华为云"提供智慧政务云、智慧交通云、智慧制造云等多种云服务方案，建设电子政务平台或企业运营管理平台。

（二）智能技术赋能营销传播

人工智能是智能营销传播的核心技术，但由于现阶段人工智能仍是弱人工智能，对于营销传播的智慧赋能有所局限，需要借助大数据、云计算、区块链等其他智能技术的辅助共同完成智能营销传播。在人工智能与其他多项智能技术的结合之下，智能营销传播相较于早期的数字营销传播模式在多个方面得到了发展与升级。

1. 营销传播流程的智能化

人工智能最初在营销传播领域的应用主要表现为程序化购买广告、实时竞价及流量数据分析等，后来逐渐拓展至营销传播运作的全流程，从而对营销传播完成了整体性的智能化重构。

人工智能对营销传播流程的智能化重构具体包括智能洞察、智能创作、智能投放和智能反馈四个方面：智能洞察是指通过对用户大数据的深度挖掘，构建全面立体的用户画像，分析用户偏好并预测用户的未来需求；智能创作是指根据用户需求来组合搭配各类内容素材，自动化批量生成匹配不同用户的个性化内容；智能投放是指通过构建算法模型生成程序化投放工具，自动选择合适的场景、合适的时间及合适的渠道将内容精准推送给对应的用户；智能反馈是指实时监测营销传播的效果和用户反馈，并借助机器深度学习来及时应对，作出调整和优化。

在以上的流程中，人工智能以模拟人类的思维方式代替人类完成海量重复性、机械性的工作，从而降低人力成本；以数据和算法实现运作流程的精准化，从而大幅提高营销传播效率。人类智慧与机器智能形成了协同共振，共同推动营销传播的进化。

2. 消费者信息采集的全面化

5G 与物联网的结合为智能营销传播提供了更多收集消费者数据的渠道和方式，并且能够获取更多维度的消费者数据，从而构建全面的消费者信息集合。在早期数字营销传播中，消费者信息的采集主要依靠消费者所使用的移动通信设备，即智能手机、平板、电脑等，这些移动通信设备对信息的采集具有一定局限性，主要集中于消费者在设备和互联网上进行操作行为所形成的数据。在物联网的连接之下，智能手机不再是唯一的信息采集来源，人们家中的家具用品、可穿戴设备，还有在外界场所接触到的物品都能够植入传感器，对消费者数据进行全面采集与整合。比如沃尔玛公司于 2018 年申请了"一款带有生物识别反馈手柄的联网购物车"的专利，这种购物车上搭载了各类传感器用于收集顾客的心率、温度、握柄的力度和时长以及购物车的推行速度等数据，这些数据可以帮助员工迅速发现消费者的需求，通过了解购物者对特定条件的反应改善整体消费者的购物体验。

3. 营销传播信任体系的重构

在利益的驱使下，部分利益方通过技术手段向广告主展示虚假流量并从中获取高额利润，或是利用信息不透明和网络监察漏洞向消费者传递虚假、夸大的广告信息，这类行为的盛行加剧了整个数字营销传播行业的信任危机。区块链技术能够有效地解决营销传播中的欺诈问题，重新建立广告主、平台方、代理商和消费者之间的信任关系，重构数字营销传播产业的信任体系。

针对虚假流量问题，利用区块链的智能合约功能，所有数字营销传播内容的展示次数、点击率、销售转化率等真实数据都将被记录且无法篡改，因此类似"刷好评""刷赞""刷点击率"等违规行为将暴露无遗，相关利益方无法再利用资本操纵数据结果。同时区块链中的信息是公开的，广告主可以随时对数据进行检查核对，验收营销传播效果。国外广告科技公司 MetaX 利用区块链技术开发了名为"adChain"的广告交易平台，通过在广告素材上添加代码，使广告主及代理方能够追踪广告在被哪些用户浏览、在哪里被展示及有多高转化率等信息。

针对欺诈性广告问题，区块链技术能够对营销传播全过程进行记录、追踪、上传与永久储存，并向消费者完全公开，通过这种操作构建公开透明的营销传播信息系统，从而在源头上消除营销信息造假的可能性。

二、智能营销传播的创意

从传统营销传播到数字营销传播，再到当下正在发展中的智能营销传播，创意一直是营销传播的核心环节。在大数据、云计算、虚拟现实和人工智能等智能技术的支持下，营销传播中的创意生产与传播正在经历深刻的变革。

（一）智能营销传播的创意特征

随着智能技术的发展和智能媒体终端的普及，智能营销传播产生了新的创意特征。智能化背景下的营销传播创意，不仅包含受众营销体验感的提升，同时也建立了广告主与受众之间的连接关系，实现营销传播创意的广泛分享与二次创作。

1. 创意空间的智能化

智能技术赋能下的互联网数字媒体具有多元化的信息来源和多样化的信息载体，使营销传播在创意表现上不再拘泥于媒介或元素的简单组合，而是具有了更广泛的平台与空间。智能技术能够根据不同受众群体的特征、偏好与需求，生成定制化创意作品与精准化营销方案。智能技术与数字媒体的发展打破了品牌方和消费者之间的时空壁垒，智能营销传播创意不再是滞后性、独立性、一次性的视听呈现，而是通过品牌方和消费者的双向互动来实现综合性的智能化创意生产与传播流程。

2. 创意生产的参与化

互联网媒体平台的开放性使用户的主体意识与参与营销传播的主观意愿不断增强，智能媒体即时性、交互性的媒介特点为用户提供了参与营销传播创意生产的基础条件。在智能营销传播流程中，用户的身份不仅是营销传播信息的接收者，同时也成为营销传播创意的生产者。用户既能够通过对营销信息的选择与控制，向广告方进行创意结果反馈，也能够主动对创意要素进行二次创作与重新组合，丰富创意的内涵，使创意更加贴合消费者的需求。

3. 创意传播的场景化

场景化，由移动设备、社交媒体、大数据、传感器和定位系统支撑构成。智能营销传播中的创意场景化，强调的是在特定时空下构建不同维度的场景环境，为用户提供"时空一体"的创意体验。智能营销传播能够融合时间与空间、线上与线下、现实场景与拟态环境，构建消费者所处的真实全场景进而向消费者传播相对应的创意内容，从而实现创意传播与实时场景的深度契合。

4. 创意体验的立体化

传统广告一直致力于建立视觉与听觉的要素组合，为用户带来刺激性信息接触，从而吸引消费者注意力并影响消费者认知。而在注意力稀缺的数字营销时代，单一的感官体验已不能够满足消费者。智能营销传播为消费者建立起更立体化、更全面的创意体验，一方面，通过运用"VR/AR"与"虚拟触觉"等技术，能够在视觉、听觉、触觉等多方面增强用户的立体化体验，使用户获得更强的沉浸感、在场感和互动感；另一方面，用户实时体验所形成的数据结果也将被用于改进与优化创意体验的技术、内容与表现形式，从而不断提升用户的创意体验感。

5. 创意效果的可视化

传统营销模式中广告与广告创意的效果是抽象化的、难以观测的。进入智能技术时代，大数据与智能算法技术结合而形成的创意优化算法技术，为创意设计人员实时分析创意效果提供了数据支持，实现了创意效果的可视化和实时优化。在创意生产过程中，创意优化算法首先将不同创意元素进行多要素排列组合生成海量不同的广告，然后进行投放，并依照广告主的需求对这些广告进行有针对性的效果测试。根据消费者的实时反馈结果，创意优化算法会自动选择效果更好的创意元素，摒弃效果不好的元素，从而高效率地找到并生成效果最佳的创意组合。

（二）以智能算法为核心的程序化创意

智能时代，营销传播的创意生产流程产生了全新的形态，逐步由传统的以人类智慧为核心的人工创作演变为以智能算法为核心的"程序化创意"。近年来，程序化创意已实际应用于智能营销传播领域，成为创意生产的重要模式。

程序化创意，英文为 programmatic creative，是以智能算法为核心，基于大数据对广告创意要素进行自动化动态组合并进行精准投放，实现广告创意与用户的场景和需求个性化精准匹配的创意生产机制。程序化创意不再是依赖于从业人员经验的生产模式，而是以真实数据为依据精准洞察用户，以智能算法和机器学习辅助分析与决策过程。程序化创意通过对用户数据的捕捉与分析，将产品信息、文案、图片、视频、音乐、活动等创意元素进行组合生成海量创意内容，在同一广告位上根据不同的用户特征与场景实施差异化创意内容投放，并收集用户反馈用于优化创意，从而实现营销传播创意生产的自动化、精准化与高效化。

根据段淳林教授提出的 RECM 模型，程序化创意的特征可以总结为四个关键词：用户相关性（relation）、场景匹配（environment）、内容适配性（content）和用户协同性（matching）。

1. 用户相关性（relation）

程序化创意中的用户相关性，是基于用户的特征、偏好与需求进行创意内容的精准推荐。程序化创意的算法推荐模型会对创意要素的属性与用户的需求进行匹配,具体包括关键词匹配、分类匹配、来源匹配、主题匹配等显性的匹配和用户向量与内容向量等隐性匹配。

程序化创意在内容投放之前,会预先与平台方合作,提前进行用户数据对接与投放规则设置。在进行程序化广告投放的过程中,智能系统会自动寻找并触发符合广告主投放条件的广告位,借助DCO(动态创意优化)分析该广告位所能够触达的不同用户群体的属性及行为,判断出何种内容最符合用户的偏好与需求,从而在广告位上展示与用户特征相匹配的创意内容,使广告创意的投放更具针对性和精确性。例如,一位消费者在近期高频次地点击并浏览某类内容,当该消费者暴露在广告位前时,DCO系统根据平台所提供的用户数据能够判断其对于创意的偏好类型,从而自动挑选同类型的创意内容向该消费者实时推送。

2. 场景匹配性(environment)

随着互联网技术和移动终端技术的发展,营销传播的用户场景变得愈加多元与分散。消费者在不同的场景中具有不同的行为习惯、情绪特征和需求倾向,数字时代的创意内容需要与多样化、动态化的用户场景相匹配,才能为用户营造更立体化、沉浸化的体验感。

程序化创意能够根据用户所处场景的变化进行动态化内容推送,使广告创意的效果更为显著。借助GPS定位与传感器等技术,程序化创意能够实时捕捉用户所处场景,与用户实现包括地理位置、时间、现实环境、媒介使用环境等多维度的场景匹配,根据场景数据对用户当下可能产生的行为、情绪与需求进行预测,自动生成符合场景的创意内容,通过场景匹配和精准传播使创意融入用户的日常生活,增强营销传播创意体验的沉浸感。

3. 内容适配性(content)

内容适配性是程序化广告的核心特征,即实现广告创意内容的动态生成与智能匹配。程序化创意先对创意内容实施"元素降维",将一个创意拆分成各种创意元素，包括品牌信息、图片、文案、音乐、视频、背景、活动等，这些创意元素组成了"创意群组"。创意群组将围绕同一个品牌或产品的各种创意元素储存在一起，在创意生产时通过创意编辑平台提取不同类型的元素进行重组，生成与目标用户匹配的创意内容。借助 DCO 系统，创意群组能够根据储存的创意素材大规模产出多种版本的创意内容，不仅提高了创意产出效率，同时也适配不同用户的差异化内容需求。

在创意优化方面，程序化创意在广告内容投放后对受众的行为反应进行实时监测，根据用户浏览时长、创意曝光率、购买转化率等数据结果，判断单个创意素材和各种创意组合对于不同用户的实际应用效果与适配程度，进而及时调整创意素材组合，自动提升用户适配度，优化创意效果。

4. 用户协同性（matching）

用户协同性强调的是用户之间的协同匹配，即通过分析用户群体行为总结归纳得出不同用户之间的相似性，将目标人群"标签化"从而对目标用户进行精准推荐。目标人群标签一般包括用户的性别、年龄、居住地、职业等基础属性，同时还包括点击相似、兴趣分类相似、主题相似、兴趣词相似等扩展特征。

程序化创意首先通过用户过滤算法找到与某位目标用户兴趣相似的用户群体的集合，分析该集合中用户群体的创意偏好形成用户标签，再通过内容分析算法进行精准推荐。程序化创意为用户制定的标签包含用户识别号、用户行为、时间、地点、终端等多个维度的属性特征，同一个用户会同时具备多个标签。在形成特定人群画像和目标用户标签后，程序化创意对各个维度的标签进行综合性分析，通过智能算法将符合用户标签的创意内容推荐给目标用户。

总体而言，对于品牌方和广告商来说，通过程序化创意平台进行自动化内容生产，能够以同样的营销成本在短时间内批量生产出更多创意内容，以及延长内容创意的生命周期，并通过数据优化创意，提高流量转化率，降低营销成本；对于消费者和用户来说，程序化创意能够为其提供"千人千面"的精准广告推荐，满足其对个性化与差异化内容的需求。

（三）人机物协同的创意模式

在当下的智能时代，人工智能已进入营销传播中创意策略制定、创意生产、创意投放及创意效果监测等各个环节，发展形成了诸如程序化创意一类以智能算法为核心的创意生产模式，在一定程度上提高了创意生产的效率与品质。但现阶段的这种智能创意生产，本质上是通过机器算法对已有素材进行排列组合，以理性为运作逻辑而缺乏"人性"的光辉。事实上，创意的生产不能完全脱离人类智慧，智能算法也无法完全取代人的作用。真正理想的创意模式并不是机器或人类某一方的绝对性主导，而应该是"人机物的协同"。

所谓人机物协同的营销传播创意模式，是一种面向消费者个性化和定制化需求的新创意生产模式，通过智能技术打破人与物、时间与空间、现实与虚拟之间的壁垒，使原本受物理条件限制的任意客观对象都可以成为创意生产的载体，从而使人类、机器和物体能够协同进行创意生产与传播。

人机物协同的创意模式具体表现为以下4个维度的协同作用。

1. 人机协同

广告领域的人与机器的融合主要表现为人类与机器在广告内容创意上的智能协同，人类与机器将实现感性与理性、人文性与技术性的平衡与交融，人机协同的广告创意将呈现百家争鸣的积极场面。第一，人类可以学习智能算法的理性运算逻辑，对自身创意思维方式进行改进和补充完善；第二，人类具有机器所不具备的感性思维、艺术灵感及天马行空的想象力，机器通过深度学习人类的这些特质不断提升其智能性，从而形成自主创新发明的能力，不再局限于使用人类制作的现有素材；第三，机器通过学习与模仿人类的思维方式，能够以类人的思维去分析用户数据信息，深度洞察消费者微妙而复杂的心理活动与情感需求；第四，人工智能可以代替人类完成创意生产中大量的重复性工作，从而使人类创意工作者节省下更多的时间与精力去执行具有原创性、突破性的重要工作，进而推动整个营销传播行业的加速发展。

2. 机物协同

物联网技术是实现机物协同的基础设施，通过物联网能够将 AI 系统植入原本没有思维能力的物体，接入物联网中的所有物体都将被赋予一定的智慧，具备对数据自动采集、计算和处理的能力，形成一种"物联网智能"，从而使机器与物体能够协同进行创意生产。人们日常生活中的书桌、衣柜、冰箱等各类物体都能够被赋予 AI 智能，成为"智能书桌""智能衣柜""智能冰箱"，这些智能物体能够在被人们使用的过程中采集用户数据并上传网络系统，通过智能算法生成符合用户偏好的创意内容并进行精准推荐，比如智能衣柜能够收集用户的身材信息及每日的穿衣情况，分析用户的穿搭习惯和款式喜好，据此为用户生成"量身定制"的服饰类创意广告。

3. 人物协同

人物协同表现为内容生产者可以随时随地，在不受任何物理条件限制的情况下进行内容创意的创作，人类所使用的创作工具不再仅是纸笔、手机或者电脑，其所接触到的任意物件都可以作为创作载体，抑或成为人类创作的搭档与帮手。例如，内容创作者用被赋予智能的相机拍摄几张照片，智能相机则将自动记录并识别照片中的素材元素，并向创作者推荐与这些图片相关的文案、音乐等素材作为创意搭配。基于对素材库与互联网上海量创意素材与创意作品的识别与分析，这些智能物体会进行自主思考并将思考产物与创作者进行分享与交流，从而为创作者提供新灵感和新思路。

4. 人机物的深度融合与协同

在人机物深度融合的创意模式中，所有的创意素材将会整合在一起建构成为统一的创意池，人、机、物共同管理与使用创意池，三者相互协助，共同决策，成为智能营销传播时代创意执行的核心。

目前受限于技术应用水平，人机物协同的创意模式还尚处于构建中。随着智能技术的不断发展，未来智能营销传播的创意模式将是人类智能、机器智能及物联网智能的深度融合与协作。人机物的协作可以为人类创意和创新赋能，为机器智能带来进化，为营销传播带来更为智能化的形态，进而促进营销传播产业与整个社会的智能化进步。

三、智能营销传播的未来发展

未来，智能营销传播会继续汲取经典营销传播理论的精华，持续引入更为先进的新生智能技术，演化形成更为先进的营销传播手段和形态，从而为广告主和消费者创造更大的价值。本部分将基于现阶段的行业与技术背景，介绍智能营销传播未来发展的主流趋势，以及对可能产生的营销传播新形态进行预测。

（一）数据跨场景营销传播

现阶段的数字营销传播只能在部分特定场景下采集消费者信息，并且主要集中于在线上通过智能手机等移动通信设备来提供匹配场景的营销服务。未来的智能营销传播将实现数据跨场景营销传播，为消费者提供高度精确、实时转换的场景匹配营销服务。

首先，目前不同类型媒体平台的消费者场景数据是不互通的，形成了不同场景之间的"数据孤岛"，比如微博、微信垄断了用户的社交场景数据，淘宝、拼多多等电商平台占据了用户的消费场景数据，高德等导航类 App 则拥有用户驾驶场景数据。由单独某一类场景数据所形成的消费者用户画像必然存在片面性，从而导致匹配精确度的下降。"大数据 + 云计算"与"5G+ 物联网"技术组合的协同效应将不断削弱用户数据的垄断性，帮助广告主全面化、立体化地了解消费者在不同场景下的行为特征及其背后对应的消费者偏好与需求，从而形成精确且全面的消费者画像。

其次，5G 和物联网技术的结合在未来能够真正实现"跨场景数据互连"，全面融合线上与线下场景数据，打通不同场景之间的信息全链路传输。5G 的高速率数据传输与低延迟的物联网传感器能够更迅速地捕捉用户特征与其在场景之中的状态和行动，再由云计算技术完成对数据的分析、传输与储存，进而投放匹配的广告内容。在场景发生切换和转移时也能够结合历史数据记录来进行分析，比如当消费者步入超市时，会根据消费者的饮食习惯和消费水平推荐某些食材；而当消费者接下来回到家中进入厨房后，又会收到根据在超市购买的食材而推荐的烹饪食谱推荐；当消费者第二天再次来到超市或者餐厅时，也会根据前一天购买食材和饮食情况避免向消费者推荐重复性的食材或菜品。

最后，数据跨场景营销传播也将结合在虚拟世界中的场景传播。比如当消费者游玩于网络游戏中时，到了现实中消费者平时用餐的时段，游戏场景中的横幅或海报将根据各类消费者的饮食数据展示为其推荐的美食和餐厅。

（二）全方位沉浸式互动体验传播

数字时代下消费者的时间管理与消费习惯呈现碎片化特征，广告主和品牌很难持续获取消费者的注意力并建立有效沟通。对抗这种碎片化的有效方法则是采用"沉浸式营销"，让消费者沉浸在深度体验之中，进而产生认知与情感上的高度共鸣。未来智能技术将进一步推动沉浸式营销的发展，为消费者提供全方位沉浸式互动体验传播。

在现阶段的数字营销传播中，AR（增强现实）和VR（虚拟现实）技术已得到在一定范围的应用。与图文和视频相比，AR和VR能够为消费者营造出由产品或服务带来的更加直观和近距离的感觉，使消费者产生身临其境的体验感。但受于技术水平限制，AR和VR等沉浸传播技术还没有大规模普及于营销传播环节。5G技术的全面普及将大幅提高数据传输速率，解决现阶段AR和VR应用于营销传播领域时产生的高时延问题，与消费者进行无延迟的交互和反馈，增强消费者的沉浸体验。

智能营销传播还将增加更多、更人性化的互动。现阶段的智能音箱、智能手机等内置的AI与用户之间的互动较为生硬，缺乏感情，大多为指令型语句和问答型对话。未来的人工智能互动将无限接近真人之间的交流模式，提供给用户更具真实感、沉浸感的互动，从而养成用户与智能产品交流互动的习惯。人工智能与人类的沉浸式交互一直是众多互联网企业的研发重点，比如百度开发的"小度语音系统"，能够识别不同的交互对象，对老人与儿童采取特殊的定制化互动方式，在与儿童交互时会切换为童声，以更具童趣的语言风格来进行对话交流。

（三）智能营销传播的全新形态

1. 智能接触点

未来的社会将实现"万物智能互联"，人们日常所接触的各类事物都将连入物联网，并由人工智能为连入物联网中的事物赋予智能，从而形成多种类型的"智能接触点"。这些智能接触点分工明确又相互连通，合力为消费者提供营销传播服务。消费者不仅可以通过智能接触点接收营销传播服务，广告主与品牌方还可以通过智能接触点实时洞察消费者，接收消费者的反馈。

首先，智能接触点连接之下的场景将不再是单一的情境或者语境，而是在多样化传感器基础上形成的"接触点+场景"的新模式。智能接触点的广泛植入将覆盖消费者的各类生活场景，并对主场景进行进一步具体的细分区隔。比如在消费者的家中，智能冰箱、智能沙发、智能书柜、智能床铺等智能家居接触点会依据消费者的居家活动习惯，将"家"这一场景再划分为"烹饪场景""娱乐场景""学习与工作场景""休息场景"；同一地点位置也会因为时段不同而存在多种不同的场景，比如智能床铺会感知消费者的姿势、动作、心率等特征，结合消费者的作息规律，判断消费者此刻在床铺上处于"睡眠场景"或是"娱乐场景"，从而合理规划投放的内容与时机。

其次，被赋予 AI 智能的智能接触点不仅能够理解用户的指令和需求，还可以精准感知用户的行为及潜在的心理及情感。每个智能接触点所采集的数据也会通过 5G 网络实时共享给智能物联网中的其他接触点，多个智能接触点之间可以进行信息整合和联动服务。比如智能床铺检测到用户肌肉疲劳，智能书桌检测到用户深夜伏案工作的时间增加，联合多种数据推断用户可能正因工作而劳累，根据这一信息来向用户推荐缓解疲劳的按摩服务。

再次，智能接触点具有深度学习、独立创作及主动投放内容的能力。一方面，智能接触点与网络中的创意素材库相连，能够自我学习创意设计思路，从其他创意作品中汲取灵感，程序化制作创意内容；另一方面，智能接触点会根据消费者的实时数据及其所处场景，创作匹配的内容并展示给消费者，主动提供营销服务。比如智能接触点捕捉到用户处于焦虑、悲伤等负面情绪，智能接触点将下载欢快音乐作为内容背景音乐，选择能诱发积极情绪的明快色彩作为海报图案的颜色基调，生成能缓解用户情绪问题的内容。

最后，智能接触点处于时刻在线的状态，不需要休眠机制，因此可以对消费者进行长期的数据跟踪和记录，通过深度学习长期积累的海量数据来掌握消费者的思维逻辑和行动规律，进而提高对消费者行为的预判能力和对需求的预测能力；能够全天候对消费者的需求进行实时响应，即刻满足消费者当下所需；能够把握营销传播环节中每一个"关键时刻"，不错失任何一个微小的营销时机。

2. 内容在线社区

在未来的智能营销传播产业中，内容的生产与传播将不再以品牌或广告公司为核心主导，而是会借助区块链技术，构建起一个自由、公开、透明、平等的"内容在线社区"。

在内容在线社区中，广告主、广告公司、消费者，以及所有的人工智能、计算设备、智能接触点，都将是在线社区中的一个节点。区块链去中心化的特质使得社区中每一个节点都可以自主参与生产与传播的过程，并且在多个节点之间可以形成合作与协同，共同完成内容的生产与传播流程。比如品牌方可以在社区中提出关于某类产品的内容主题，专业广告人和普通用户都可以在社区中上传自己的创意思路及文案、图片、音乐等创意素材，再由程序化创意系统将这些多方来源、多种类型的素材进行比较和组合，高效率、高水平地生成符合主题的创意内容。

在现阶段的社会化媒体平台上，信息的虚拟性与可复制性引发了部分利益方对他人原创内容的剽窃与盗用，严重侵害了原创性内容生产者的利益，打击了其创作积极性，破坏了互联网内容创作生态与知识产权体系。区块链技术则可以对社区中任何与内容生产相关的操作进行记录，并依托其不可篡改、可追溯和永久保存的特性，长期对原创内容生产者的劳动成果实施有效保护。

此外，区块链内部的代币机制能够激发用户参与内容创作的积极性。在代币激励机制中，用户主体创作并上传原创内容作品或创意素材至社区内容库后，每当有其他主体使用或下载这些内容，都会由系统自动向原作者支付相应价值的代币，通过内容变现来激励越来越多的用户加入内容在线社区的协同创作之中。

第三节 场景与场景营销传播

随着移动互联网的发展，云计算、大数据和人工智能技术的普及，人类社会进入场景时代。经过流量化的野蛮发展和数据化的深耕细作，网络人口呈现多元化、即时性和场景化的特点。这是一个追求体验价值的时代，朝着垂直化、精细化、独特化的方向发展，场景成为一种新的思维方式和商业能力，正在逐渐改变世界，改变人类未来的生活方式。

一、场景与场景营销传播

（一）场景的概念

"场景"一词有场所、场域、语境、情境、情景、背景等多重含义，原本是戏剧学理论的概念，后来演化为影视专业术语，大多运用在文学艺术作品的创作过程中，是指在特定的时间和空间里复杂的人物关系之间发生的行动，是通过人物行动来表现剧情的特定过程。

场景是一种产品，一种服务，更是一种随时随地身临其境的体验，是现代科技的复合体，是人类存在的生命状态，是社会发展进步的重要标志。在现实生活中，以移动互联网为基础的智能终端设备与电子商务、文化娱乐、金融保险、信息通信等传统行业的连接和融合，改变了人们的生活方式，将人们带入特定的场景中。场景已经成为人类存在的生命状态。

（二）场景的基本形态

场景依据不同的标准可划分为不同的形态。

1. 固定场景与移动场景

根据用户所处空间的不同，场景的形态可分为固定场景与移动场景。

固定场景是指事物在固定的时空坐标所形成的空间环境，是处于相对静止状态下的场景，如客厅、书房、商场、旅馆、餐厅、图书馆等。瑞典家居零售连锁店"宜家"（IKEA）为顾客创设真实舒心的家庭场景，营造出轻松自在的购物氛围，在店铺中以样板间的形式展示家具，让顾客感觉像在家里一样温馨。顾客可以随意打开抽屉和柜门，走在地毯上，坐在沙发上，躺在床上，体验家具的舒适度。

移动场景是人们在现实生活环境中不断变换的空间位置，是人们自身移动所带来的空间位置切换。人们生活在不断切换的时空场景，身体穿梭在不同的物理场景，开启一种崭新的生存方式。在消费者的移动场景细分过程中需要注意三个节点：消费者处于何处，从何而来，即将去往何处。

2. 真实场景、虚拟场景与融合场景

互联网将用户的生存空间分割成现实和虚拟两个维度。按场景产生的过程，可将其分为线下的真实场景、线上的虚拟场景和"线上+线下"融合的场景。

曾经，每逢节日庆典之际商家都会精心布置店铺的橱窗与展台的陈列摆设，为顾客营造浓厚的节日氛围场景，这都属于线下的真实场景。例如，圣诞节前夕，在墙壁上张贴圣诞老人、麋鹿、雪橇等招贴画，在室内外摆放圣诞树并挂满礼物或装饰品，店员身穿圣诞老人的服饰与顾客互动，增强消费者的参与感，激发消费者的购买欲望。

伴随着PC端和移动端的广泛普及，线上的虚拟场景逐渐兴起。用户使用门户网站、搜索引擎、电子商务、社交平台等不同网络服务的虚拟场景，突破了物理空间上距离的限制，将所有人通过网络连接起来。身体的地理位置不再是决定人们是否有共同经历的前提，无论他们身在何处，都能实现共享。不同物理空间的人们可以进入共同的虚拟场景，人们的异地交往转变成即时在线，从身体在场转化为注意力在场。

如今，线下的真实场景与线上的虚拟场景之间的界限逐渐被打破，用户的生活进入线下的真实场景和线上的虚拟场景相融合的阶段。场景营销从线下场景出发连接线上场景，再作用于线下场景，实现营销的闭环。场景营销能够将线下的现实和线上的虚拟无缝连接，人们可以在虚拟空间中享受新的社交方式和生活体验，随时随地实现数据的融合与实时优化。

3. 高频率场景和低频率场景

根据场景发生的频次可分为高频率场景和低频率场景。高频率场景由于自身的特性，能够在最短的时间内吸引众多的消费者，因此它应以获取用户为发展重点。高频率场景与人们的日常生活息息相关，是家庭、办公等生活方式中的场景体验，用户重复消费的发生频率高，接触和获取目标用户的成本较低，容易成为企业蓄势待发的新产业领域。例如，喜欢美甲的女性会经常需要美甲服务，但到美甲店却需要花费更多的时间和精力。"河狸家"推出了上门的O2O美甲服务，消费者体验到这种服务的便捷性后会再次消费。

4. 重度场景和轻度场景

根据场景发生的程度可分为重度场景和轻度场景。重度场景是指消费者在日常生活中随处可见的场景（如瑜伽、游泳、健身等），它拥有广阔的市场资源，可以形成产业链，但容易形成恶性竞争。轻度场景与重度场景相反，它在生活中并不常见，但蕴含着巨大的发展潜力。

轻度场景一般指生活中某些特定的场合，通常意味着稀缺。轻度场景改造之后容易形成一种先到者先得的壁垒，如精准洞察派对、策划派对主题、玩法攻略等全套场景解决方案的社交应用，作为一种新型轻度场景在年轻消费群体中具有高开发价值。

（三）场景营销传播

正如上文所说，场景已经成为人类存在的生命状态。上海师范大学金定海教授在其著作《原生营销：再造生活场景》的序言中所说："场景营销是打破线上线下的交互壁垒，重组故事，重设诱因，重组逻辑，重塑形象，融合特定的价值关系和文化象征，而产生的全新的消费感知。"因此，将场景和营销传播进行结合，将是一种全新的营销传播方式。

场景营销传播是将商品置于恰当的场景环境之中，超越时空的限制，将物理场景和信息场景进行交互融合，集精准性、互动性和沉浸感于一体，使消费者能够有效地进行感知体验，提升消费者的购买欲望，促进消费行为的发生。

互联网技术从Web2.0时代向Web3.0时代过渡，技术的智能化和移动化提高了信息的聚合、搜集和处理能力，作为支持"场景"的基本技术，大数据将营销传播的"亲身在场"从线下挪移到线上，以精准匹配需求的场景完成对于消费者的空间连接，依托基于心理、生理的"真实"刺激对于信息的传播与交互进行虚拟化场景的还原并不断放大。

场景营销传播是集精准性、互动性和沉浸感于一体的数字营销传播形态。

二、场景营销传播的特征与构成要素

从物理层面而言，"场景"是承载商品和传递需求信息的特定场所和物质载体，是客观存在的物理环境与空间概念；从心理层面而言，"场景"是消费者在特定的时空环境中加上媒介、技术等因素所创造的信息环境而产生的主观感受、心理变化和情感波动，能够令消费者逐步消解基于时空距离的认知隔阂。

（一）场景营销传播的特征

场景营销传播有四大特征：碎片化、人格化、精准性与沉浸感。

第一，碎片化。在万物互联时代，人们的生活压力越来越大，生活节奏越来越快，生活状态呈现出碎片化的场景。场景正以高频率快速地发生变化，碎片化的特征十分突出。互联网的碎片化导致场景的碎片化，场景的碎片化导致群体行为的盲动性。从表面上看，用户拥有充分的自由权，但实质上，他们总是没有行动规律地四处乱撞。碎片化的场景让每种商业模式不再关注自身，而是从碎片化的信息及其交叉过程中找到灵感。通过广泛采集碎片化的信息，崇尚速度至上和效率至上，建构出无数碎片化的购物场景。

第二，人格化。场景深刻影响着现代人的人格，人们在不同的场景形态中扮演着不同的角色。每个用户的使用场景与个人的性格和特征有关，促成了用户场景应用的人格化。场景暗含了人们对特定生活方式的向往，浸润着特定的情愫，具有人格化的特征。用户下载的各类场景应用软件、订阅的公众号、关注的微博都成为用户人格化的象征。智能手机上应用软件的人格化比消费者的行为能更加真实准确地描述用户的消费特征，更加清晰地描摹出用户的个性化画像。

场景应用的后台可通过检测用户手机应用的关联度，精准判断用户的特征。由此推断，安装"去哪儿旅行""携程"等旅游类场景应用的用户可能是旅行爱好者；安装"WPS Office""有道词典"等办公类场景应用的用户可能是职场精英；安装"美丽说""蘑菇街""小红书"等女性购物场景应用的用户可能是时尚美妆达人。

第三，精准性。在场景时代，企业将线下的实时场景与线上的优质服务连接起来，通过构建新的体验场景，为消费者提供即时有效的精准化场景体验服务，满足消费者的场景诉求。基于移动设备、传感器、大数据和定位系统的技术支持，商家能分析消费者的实时数据，精准定位消费者的位置信息，细化消费者的不同场景需求，归纳分析创建数据模型，抓住消费者的"痛点"和"痒点"，通过移动网络入口将用户导入平台，了解消费者的需求，从而改善服务质量，以最快的速度为他们提供符合需要的增值服务。

例如，基于社交网络的定位服务软件 Highlight 能够告知商家顾客的到来，将消费者的实时地理位置与真实的消费场景连接起来，判断消费者当时的精神状态，把握其对广告的接受程度，向其推送相应的广告内容，提升广告投放的价值，激发消费者的购买欲望。再如，某咖啡品牌为实现精准化的场景营销传播，借助于定位系统明确消费者的地理位置，通过传感器获知消费者在餐厅附近逗留的时间，依托社交媒体查找潜在消费者的消费偏好，将相关的产品和优惠广告适时推送给消费者。

第四，沉浸感。随着场景时代的来临，人类的生存环境发生了巨大的变化，数字化的虚拟场景带给消费者极强的沉浸感。沉浸式的场景营销传播需要消费者的参与体验，与场景设定的情境进行深度互动。大数据、云计算、人工智能等技术被不断地运用在信息制作与生产过程中，使其产生身临其境的感觉，实现虚拟的自我与真实环境的互动。

消费者在场景营销传播的互动过程中，体验到心理学家米哈里·契克森米哈赖提出的"心流体验"，即当个体全身心投入某项活动或事物时，整体的感觉和意识被集中在狭小的范围内并被环境所控制，只对特定的目标和明确的任务产生反馈。当人们从事自己喜欢的、擅长的、有挑战性的事情（如爬山、游泳、打球、玩游戏、阅读、演奏乐器等），很容易产生心流体验。

沉浸感的产生主要依靠刻画场景细节，创建更宏大的虚拟世界，设计者将更多的注意力放在细节之处，消费者越能体会到场景的真实性，在场景中的沉浸感愈发强烈。移动互联技术使各种各样的场景应用更加精准，更加个性化，产生有温度的、跨越时空的场景体验。鲜活的场景故事使消费者更容易沉浸其中，受到独特的感官刺激，形成特定的场景体验和场景记忆。

（二）场景营销传播的构成要素

1. 场景营销传播的基本要素

场景是指人与周围环境的关系，其基本要素包含空间环境、意境氛围和习惯状态等。

（1）空间环境：是场景最基本的要素，在特定的空间里，场景包含与该空间相关的环境特征，人的特定行为模式。场景的"场"指场所，偏向于物理空间上的现实环境，是现实性的承载物体和传递信息的特定场所，是一种客观存在的可感知、可触碰、不会任意消失的空间概念。比如，餐厅、办公室、电影院等地理位置，属于现实性的场景。

（2）意境氛围：场景的"景"侧重于情景、景物、景观，偏向于心理意义上的感觉、意境和氛围，是随着人的行为和心情的变化而改变的情境，是摸不着的、变化莫测的心理感受，是基于个体的教育背景、文化程度及生活经验的一种内在模式，是为了满足某些心理需求的信息交换。

在场景时代，用户通过在各种社交媒体平台上发布信息、在线交谈，通过朋友圈点赞、转发、评论等行为，明确个人的喜好、定位自己所处的位置和所追求的目标，形成良好的社交氛围，对社交媒体中用户相关数据信息的收集成为场景分析的另一个维度。商家使用红色、橙色等暖色调的颜色，通过室内的装潢、商品的陈列、店员的热情服务，为消费者营造舒适的、热情的、欢快的购物氛围，用舒缓、轻柔的音乐来舒缓顾客的情绪，放慢顾客的步调，延长顾客的购物时间。

（3）习惯状态：人们在各种场景下的生活需求与行为模式会给其日常生活中的经验和惯性带来烙印。惯性是理解人们日常行为逻辑的基本依据，人们的各种消费行为都受到理性的支配。在生活场景中，人们选择请客的饭店、购物的商场超市、服饰的品牌和颜色、修车的厂家等成为日常生活的行为习惯养成的场所。

移动互联时代的场景分析借助于移动设备进行数据采集，结合用户以往的生活习惯，数据采集完成后在数据库中存储、利用数据算法对用户的生活数据进行分析，算出消费者的生活惯性。场景分析依靠可穿戴设备实现用户实时状态的数据采集，将这些数据与数据库中的商品信息进行精准匹配，预测消费者的需求，为用户提供他们想要的产品内容和解决方案。

百度推出的"百度眼"试图通过对特定场景（如车站、商场、博物馆等）中用户的信息采集，提供有针对性的个性化服务。通过场景技术力量，传感器完全可以捕捉到关于个性场景的要素，通过个性化场景要素可以定位到个人在传播中的准确位置，对场景中的个人实现细致的画像。

总之，场景的三大要素始终围绕着用户展开，移动互联网的发展将碎片化的时空与用户的需求深度融合，使用户重新回到中心的位置。随着移动设备的智能化和多样化，场景应用将用户生活中的工作、学习、生活、消费、娱乐等各种场景关联起来，形成线上与线下的高频互动和深度融合，彻底改变了用户的生活方式和生存状态。

2. 场景营销传播的技术要素

（1）移动设备：移动设备是场景营销传播的工具和入口，它聚合了社交媒体、大数据、传感器和定位系统的力量。其中，智能手机是生活中最常见的移动设备，场景应用的普及扩展了智能手机的功能，奠定了移动设备的地位。在移动互联时代，智能手机成为融合感知、通信、存储、计算等多种功能的综合性信息处理平台。场景应用程序能使消费者将线上线下的各种浏览活动、运行轨迹、消费记录被传感器记录下来，并通过大数据计算频繁地在各式各样的社交媒体平台上发表评论、点赞、转发或分享，与朋友或者购买同样产品的其他消费者进行互动。

（2）社交媒体：社交媒体是场景营销传播过程中必不可少的元素，是场景化广告投放的传播平台。场景营销传播的核心是消费者在社交媒体上对场景体验的分享。营销人员借助社交媒体平台可以与消费者实现在线交谈、明确消费者的个人喜好、了解他们的实时地理位置，从而有效地寻找目标消费群体。消费者在社交媒体上可以自由创作，衍生更多互动场景和消费情境，使社交媒体具备人性化的面孔，成为个性化内容的创作源泉。

（3）大数据：大数据是场景营销传播的核心，它具有数据规模大（volume）、传输快（velocity）、类型多（variety）、价值高（value）的特征。数据是衡量互联网的基本单位，大数据的出现催生了场景营销，为商家提供了大量的消费者数据信息，商家通过这些信息将消费者的数字画像勾勒出来，从而进行商品信息的精准投放。一方面，大数据技术能够通过对消费者数据进行分析精准定位消费者的实时位置信息，细化消费者的不同场景需求，归纳分析创建数据模型，抓住消费者的痛点，通过移动网络入口将消费者导入平台，以最快的速度提供符合其需求的增值服务，进而改善服务质量。另一方面，商家借助于大数据技术了解消费者的消费记录和购物偏好，为消费者推送个性化、定制化的新闻资讯与商品信息，满足消费者的信息需求、娱乐服务与审美情趣，打动消费者的内心，促使其产生购买行为。进一步来看，基于大数据技术的精准化场景营销传播的过程可分为采集数据、处理数据、建模分析数据和解读数据。商家通过对用户特征、产品特征、消费行为特征数据的采集与处理，对消费者进行多维度的特征分析、产品策略分析和销售策略分析。

（4）传感器：传感器是场景营销传播的触角。小巧轻便的传感器通过模仿人的五官感知收集信息，它被安装在固定或活动的物体上探测数据。具体而言，传感器的类型包括环境光传感器、麦克风、陀螺仪、全球定位系统、摄像头、摄像机、地板压力传感器、声音设备、位置追踪器及手控输入设备等。目前，传感器已经遍布全世界每一个角落，智能手机配备有功能丰富、种类繁多的传感器，能够即时获悉消费者的地理位置、天气等场景信息，记录其消费习惯和消费足迹，向消费者发送商场店铺的打折信息，提醒店员老客户的到来，根据产品的使用周期提醒消费者及时更新。当消费者驾驶着安装有各种传感器的汽车行驶在路面上时，会收到来自道路拐弯时的模拟提示及汽车偏离预设路线的友情警告。

（5）定位系统：定位系统是与场景营销传播最直接相关的技术，是场景营销传播发展赖以生存的武器。定位系统是指能够监测到消费者实时地理位置的技术，基于空间的不断转换搜索数据，进行数据记录和搜集，最终匹配出消费者需要的信息。定位服务最早源于社交网络的签到服务，消费者每到一个新的地标，总会在社交媒体上签到,随着抖音短视频的快速推广,这些新地标成为广大消费者竞相追捧的网红店打卡胜地。

定位系统包括 GPS 技术、LBS 技术、Wi-Fi 探针技术和 iBeacon 技术等。GPS 技术主要适用于室外环境,在室内的效果较差,智能手机 GPS 系统的定位范围为 3～5 米。与 GPS 技术息息相关的地图程序通过建立数据基础,记录位置变化并针对消费者的信息进行个性化整合,从而使场景化地图应用程序更有价值。LBS 技术逐渐成为一种新型营销推广模式,它的商业价值是帮助商家了解消费者需求并改善服务质量,实现精准化场景营销,从而激发更广泛的口碑传播,最终实现消费者忠诚度的提升。移动无线通信网络 Wi-Fi 探针技术是一种新型的移动互联技术,能够获取 Wi-Fi 范围内所有智能手机、便携式电脑的信息,确定其位置及移动的方向和轨迹,但同时保证不涉及消费者的隐私。免费 Wi-Fi、地理围栏、二维码等技术让线下场景网络在室内场景方面的定位技术逐渐成熟起来。

三、消费场景的应用与场景营销传播策略

移动互联时代的场景连接着人与人、人与物、人与商家、人与服务等各种关系。人们的生活和工作始终在场景下进行,场景无处不在。场景是以人的参与为前提,以时时刻刻在线连接为基础、以社群为平台、以体验为核心,延伸至不同的行业,引发不同的消费场景的应用,也衍生出不同的场景营销传播策略。

(一)消费场景的应用

"场景应用"(Live App)是指现场的、生动的移动场景应用,Live 代表生动的、有活力的、现场的,能够与生活场景实现即时性的连接,而 App 是指应用程序。场景应用是建立在移动互联网连接引擎技术之上,在移动互联网时代开创的一种全新的信息连接方式,将艺术与技术相结合,开发用户的场景价值和产品的功能价值,从而积极引导和刺激用户参与到场景中。从技术层面来看,场景应用是在场景基础上开发的一种应用技术,只要扫描二维码,或者点击链接就可以享受到场景应用中的内容,获得丰富的互动式体验,将用户从线下转移到线上的场景变

得立体化。

1. 餐饮场景应用

"民以食为天",在人们的生活中最常见的场景就是餐饮场景,每个人都会经历选择店面、点餐、用餐、结账这一系列的就餐行为,各种各样的餐馆饭店致力于为顾客营造舒适的就餐环境,餐饮行业始终是商家竞相争夺的场景。

(1)线下的餐厅场景:"南京大排档"装修布置成20世纪30年代老南京的场景,桌椅板凳按照当年的物件仿制而成,具有很强的历史感。服务员的穿着打扮模仿过去的岁月,大堂的中央布置一个唱戏的台子,有演员专门为顾客唱昆曲,当消费者在这里用餐时,感觉仿佛进入时光穿梭机,回到过去。

"薛蟠烤串"店铺的场景设计和用餐形式从用户的消费体验出发,将餐厅分为经济舱、商务舱、头等舱和大学生特价票四个区域,在不同的区域有各自的"打底餐",有"茶水、开胃菜、烤海鲜、烤蔬菜、主食、甜品"的多种组合,既有针对性地迎合顾客的用餐习惯,又可以满足不同顾客在用餐场景的社交需要。

热带雨林餐厅里布满绿色植物,顾客进入店内仿佛步入热带雨林一般,在大自然中享受食物。餐桌旁边陈列着巨大的鱼缸,里面养着各种各样的热带鱼,顾客在这里吃饭感觉就像是在海里用餐,十分放松减压。

(2)线上的订餐场景:餐厅基于地理位置的信息推送,使用定位系统获知消费者在该餐厅附近逗留的时间,锁定潜在的核心消费群体,通过社交媒体查找他们的用餐消费偏好,适时地将相关口味的菜品和优惠信息推送出去,吸引更多的消费者来店就餐,再借助于这些消费者在云平台上留下的用餐记录作为数据支持,生成消费者就餐习惯的导视图,达到精准化匹配,以便餐厅提供个性化的服务。

线上点餐的场景应用将消费者在线上点餐、下单的过程与线下就餐、送餐的环节完美结合起来,构成外卖场景。美团、大众点评、百度糯米等美食推荐App,根据消费者的就餐数据分析其就餐习惯,然后将真实的就餐场景推送给消费者。

便利的网络环境和发达的快递业催生出外卖行业,"饿了么""美团外卖"等美食送餐服务的外卖小哥将美味的食物送到家门口,解决了人们足不出户的用餐需求。"盒马鲜生""百联 RISO"、美团的"章鱼生鲜"、新华都的"海物会"、步步高的"鲜食演义"等建构起餐饮场景与超市的多层次组合。

2. 出行场景应用

出行场景是基于空间的实时定位技术,将线上的虚拟地图与线下的实际路况相结合,改变人们日常生活的出行场景。

(1)地图导航类场景应用:地图导航应用能够定位用户所在的地理位置,提供实时路况和全景地图。"高德地图"实现了语音识别、人机交互的智能服务,车载导航自动为用户规划好行车路线。"百度地图"为用户提供基于实时地理位置周边的美食、景点、酒店、休闲娱乐、车主服务、银行、加油站、公交站、医院、电影院、超市等生活服务类的导引;将链接转至 Uber、滴滴出行等打车软件的订单页面,可完成场景应用之间的跨界连接。"Waze 地图"在用户早上开车上班时,智能选择最优路线为用户导航,有效避免拥堵;准确把握时间点为用户创造贴心的消费场景,引导用户消费,提升用户的消费体验;当用户遇到红灯等待时,为用户弹出附近商店的优惠信息;当用户去超市购物时,及时为用户提供周围银行 ATM 机的位置信息。

(2)地铁、单车等短途交通场景:地铁车厢内部的平面招贴和移动视频针对地铁这一特定的空间场所进行场景设计,向乘客传递各种各样的产品和服务信息。以动物为主题的地铁在列车的座位、地面、车门、车窗、扶手上绘制呆萌可爱的小动物,让乘客紧张、压抑的心情得到放松;以消防宣传为主题的地铁将列车绘制成红色,播放消防救火常识的宣传片,放置消防衣、灭火器,提高乘客的安全意识。《魔兽世界》运营方在上海地铁徐家汇换乘通道还原游戏场景的黑暗之门,营造神秘的氛围,当乘客靠近地铁站口时,电子屏幕随着乘客的脚步产生碎裂的声音和视觉效果,带给乘客强烈的刺激和全新的体验。

（3）出租、代驾等专车交通场景：滴滴出行、易到用车、神州专车、Uber等服务平台基于用户所在的实时地理位置，为用户提供专车服务的尊贵体验，解决出租车空载驾驶的资源浪费和乘客打车困难的问题。易到用车是专车服务平台，在"世界读书日"这一特定节日与单向空间书店联合打造"路上阅读，座位思考"的阅读场景。"e代驾"平台抓住人们身体不适，接送小孩、老人去医院等急需用车又无法自己驾驶的场景，为用户提供代驾服务。假期出游路途遥远，去机场接朋友不熟悉路线等特殊情况下，"e代驾"为用户提供个性化的VIP服务，选定某位司机作为自己的专属司机，打造高端的代驾场景。

3. 购物场景应用

（1）线下的真实购物场景：商场采取360°立体构图的方式将各个商铺的信息推送到消费者面前，再现真实的购物场景，优化用户体验。京东开设的线下体验店就是以场景为核心，为消费者提供舒适安逸的购物环境，提供好玩有趣的社交休闲、科技体验和健康生活服务。店面陈列根据当地商圈消费者的购物习惯和兴趣爱好进行设计，实现千店千面的效果，消费者走进店面就会进行人脸识别，针对每位消费者的兴趣和在该场景的停留时间，通过行为数据分析，实现精准的场景营销。

传统书店打破原有的书籍陈列方式和布局，拆除原先书架的各种堆头，构建起书店新的结构和框架，增加座位吧台，打造令人耳目一新的阅读场景。在中国台湾，诚品书店内提供餐饮服务，引进了电影视听院、展览馆、书院等场景辅助设施，以此延长读者在书店停留的时间，达到提高销量的营销目的。

（2）线上的网络购物场景：在网络日益发达的都市生活中，虚拟购物场景几乎渗透进消费者生活中的每一个角落，线上的电商平台模拟用户在实体店里的购物场景，用户可以通过电商所营造出来的虚拟场景近距离观察产品，并通过真实的体验了解产品，进而产生购买行为。"美团""百度糯米""大众点评"等团购场景增强了用户与商家之间的黏性，成为用户与商家之间全新的连接方式，实现了人们生活方式和消费形态的升级。从线上到线下的联动，使线上虚拟的购物场景与线下真实的购物环境完美地融合起来。电子商务改变了用户传统的购物习惯，将线下的购物行为转移到线上，实体空间的购物环节转化为虚拟的在线购物。

淘宝、天猫、京东、苏宁、当当、亚马逊等购物场景应用成为不少用户的开机必备。例如，京东白条、阿里的天猫分期和花呗、苏宁易购的任性付和零钱贷为用户提供了更多的消费场景。其中京东白条的应用场景又细化为电商场景、旅游场景、汽车场景、安居场景和农村场景等。再如，电商"1号店"推出的虚拟超市，让地铁和公交广告牌变成了"1号店"的虚拟货架，消费者只需在"1号店"拍下商品的二维码，就能在线上轻松完成购物。

"猫眼电影""时光网"等在线购票应用模拟用户在电影院购票的真实场景，消费者只需在智能手机上选择影院和场次，就能实现在线选座、自助购票等线上服务，在线下电影院扫描二维码取电影票，享受便捷的消费服务。

构建消费者的购物场景，支付机构在场景建构的过程中是主角，协助商家为消费者在各消费环节提供核心的技术支持。"支付宝"或"微信支付"场景应用开创了无现金支付的先河，用户已经习惯使用"支付宝"或"微信支付"在线完成支付。在购物场景中，线上支付已经成为主流，人们逐渐养成出门不带钱包带手机的习惯。

支付宝要以人为核心，打造融合各种关系的场景平台，将用户生活中真实场景的消费行为（如商场和超市购物、餐饮就餐、医院就诊、专车出行、信用卡还款等）与线上的虚拟支付场景结合起来，实现线上线下无缝连接的接触点管理，融合生活服务、政务服务、网络社交、手机理财、金融保险、虚拟公益等多个场景的开放平台，形成完整的消费闭环。支付宝基于电子消费记录建构消费场景，满足支付的多元化、服务化、权益化和社交化等多种需求。

（二）场景营销传播的策略

在移动互联时代，场景强大的连接能力使其成为互联网入口的重要方法论，也成为移动互联时代商业竞争的主要场域。场景的本质是对时间的占有，拥有更多的场景就拥有更多的用户时间，也就能轻松地占据用户的心智。新场景的创造带来了新体验，新场景的洞察带来了新流行，新场景的流行带来了全新的生活方式。场景为用户诠释新的价值，成为用户的情感寄托。因此，用户更愿意停留在场景中参与互动，进行消费。

百度连接人与信息，腾讯连接人与人，淘宝和京东连接人和商品，P2P借贷平台连接人和资金，众筹网连接人、信息和资金，这些互联网背景下崛起的平台共同营造了共享共赢的经济生态场景和消费生活场景。

1. 移动式场景营销传播策略

过去，移动购物使用的是淘宝、京东等网站，早期的移动营销被称作"手机互动营销"或"无线营销"，是在一对一的基础上实现精准营销的一种方式，它扩充了网络营销和数据库营销理论。

后来，移动营销在成熟的云端服务的基础上，通过移动终端（手机、平板电脑、移动式可穿戴设备）获取消费者信息，向目标受众定向传递即时信息，通过精准的个性化信息实现与消费者的互动，最终达成营销目标。移动购物在智能手机终端有团购、淘宝天猫、苏宁易购等多种形式。

移动互联网的发展打破了时间和地域的限制，直播让用户可以在线下实现与线上的实时互动。将线上和线下两种渠道的体验整合起来，实现线下流量的线上导入，确保在移动的状态下通过线上渠道满足消费者需求，并提供高品质的服务。移动式场景营销随着移动互联网技术的不断发展，使用户分享的"状态"和"动作"的个人数据与场景和地理位置相结合，进而提供更精准、更个性化的服务。

移动式场景营销传播打破了消费者寻找商家的传统思维，转化为消费者暴露自己的位置信息，由商家寻找消费者并为其提供服务。未来，移动式场景营销传播应该将重点放在跨境电商、VR 技术方面，利用虚拟现实的沉浸式体验效果，开发更多的消费场景。例如，鞋子生产商"Zappos"与手机健身应用"Map My Fitness"合作，通过跟踪用户的运动轨迹与运动时间，判断他们鞋子的磨损情况，在恰当的时候提醒用户"你需要换一双新鞋了，请注意保护你的膝盖"。再如，消费者使用"Dorothy"鞋夹，踏三下脚后跟就能在"Uber 平台"叫车。

2. 话题型场景营销传播策略

话题型营销场景建构有三个关键点：以场景为中心，以情绪为对象，以数据为驱动。场景是驱动用户的关键，微信红包实现虚拟体验和现实体验的结合。拜年给压岁钱这一传统，通过微信"摇一摇"设计成"抢红包"场景，在春晚舞台上，主持人为在微信平台发红包、抢红包创设话题，为观众搭建了虚拟共在的场景，形成了中国人在大年三十边看春节联欢晚会边抢红包的互动方式，有助于主持人与电视机前观众的即时互动，使他们参与到相同的时空维度中。发红包、抢红包和观看春节联欢晚会都是在搭建场景，而消费者积极参与的在场状态，使其产生身临其境的感觉，消费者从被动地接收状态转变为主动地感知状态，极大地提升了消费者的参与感。

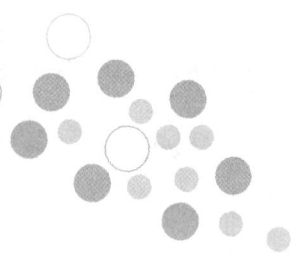

参 考 文 献

［1］何军.市场营销理论与策略［M］.长春:吉林出版集团股份有限公司,2022.

［2］汪秀婷.市场营销学［M］.武汉:武汉理工大学出版社有限责任公司,2022.

［3］陈玲.市场营销基础［M］.重庆:重庆大学出版社,2022.

［4］武录齐,陈婧.市场营销基础与实务［M］.北京:人民邮电出版社,2022.

［5］谢振勇.市场营销学概论［M］.长春:吉林大学出版社有限责任公司,2022.

［6］王伟浩,汪朝洋.市场营销理论与实务［M］.上海:上海财经大学出版社,2022.

［7］张娟.市场营销学［M］.北京:机械工业出版社,2022.

［8］杜鹏,樊帅.市场营销理论与实践［M］.大连:东北财经大学出版社有限责任公司,2022.

［9］侯铭海.市场营销基础［M］.北京:清华大学出版社,2022.

［10］李丹,周小波,余敏.现代市场营销理论与案例分析［M］.长春:吉林科学技术出版社有限责任公司,2022.

［11］屈冠银.市场营销理论与实训教程［M］.4版.北京:机械工业出版社,2022.

［12］冯瑞,陈春干.市场营销创新实践教程［M］.2版.苏州:苏州大学出版社,2022.

［13］唐吉雄.市场营销基础应试指南［M］.福州:福建科学技术出版社有限责任公司,2022.

［14］曲亚琳,娄本宁.新媒体营销策略与实战［M］.长春:吉林科学技术出版社有限责任公司,2022.

［15］张世涛,金安琪.新媒体环境下营销传播策略研究［M］.北京:中国原子能出版传媒有限公司,2022.

[16] 詹新惠.网络与新媒体概论[M].北京:中国人民大学出版社,2022.

[17] 向颖晰.新媒体广告创意设计[M].长春:吉林出版集团股份有限公司,2022.

[18] 董康成,顾丹华.新时期大学生思想政治教育实践路径研究[M].长春:吉林大学出版社有限责任公司,2022.

[19] 周茂君.新媒体内容生产[M].重庆:西南大学出版社,2022.

[20] 夏彦升.新媒体背景下市场营销模式研究[M].哈尔滨:东北林业大学出版社,2022.